JLA 図書館実践シリーズ

多文化サービス入門

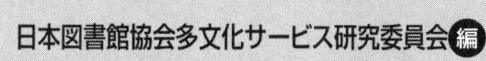
日本図書館協会多文化サービス研究委員会 編

日本図書館協会

A Guide to Multicultural Librarianship

多文化サービス入門 ／ 日本図書館協会多文化サービス研究委員会編. － 東京 ； 日本図書館協会, 2004. － 198p ； 19cm. －（JLA 図書館実践シリーズ ； 2）. － ISBN4-8204-0430-X

t1. タブンカ サービス ニュウモン t2. ジェイエルエイ トショカン ジッセン シリーズ a1. ニホン トショカン キョウカイ s1. 図書館奉仕 ①015

はじめに

ある日　図書館で

「オバちゃん，新人連れてきたったでぇ」

　ある日の放課後，学校の先生と友人に連れられて，日本に来たばかりのヴェトナム人の男の子がやってきました。ポケットモンスターやドラえもんの本をびっくりした表情で開いています。テレビで馴染みがあったのでしょう。友だちは「この本，タダで借りれるねんで。こんなカード作ったらエエねん」首から下げたカードを見せながら，身振り手振りで，説明をしています。その日は，いっしょに付き添ってきた先生にカードを作ってもらい，アニメのビデオと本を数冊借りて帰っていきました。少し慣れてくると，友だち同士で来るようになりました。彼の生活の中で，図書館は楽しい遊び場の一つになっていきました。

　日本の生活に慣れてくると，新しく外国から来た友だちを次々に連れてくるようになりました。「オバちゃん，この子のカードも作ったってや」，「よっしゃわかった。ちゃんと図書館のこと教えたってや。ついでに，オバちゃんの通訳もやってや」彼にとって図書館は，なくてはならない存在になっていました。

　ある日，彼はお父さんを連れてやってきて，カードの作り方を教えてあげていました。お父さんは子どもといっしょに図書館の中を歩き回り，字幕つきビデオを手に取りました。その日のあと，彼のお父さんは，知り合いのヴェトナム人を何人も連れてやってきました。このようにして，図書館は，いつのまにか彼らのサロンのようになっていったのです。

赤ちゃんを連れてやってきた若い母親は，はじめのうちは，児童室で日本語と英語が併記された知育絵本や英語で書かれた絵本を，赤ちゃんに読みきかせしているだけでした。そのうち，おはなし会にも参加するようになり，だんだんと日本人の母親とも知り合いになりました。そうして，そこで病院を紹介してもらったり，育児についての情報交換もしたりするようになりました。
　「子ども用のヴェトナム語で書かれた本はありますか？」
　突然，フロアで問い合わせがありました。紙芝居を含め数冊しか本はありません。とりあえずはそれを手渡し，県立図書館に問い合わせてみたところ，そこの職員がすぐに対応してくれ，次の連絡便で取り寄せることができました。

　例えば，何となくこちらをうかがっている外国人がいます。そういうとき，あなたの図書館ならどうしますか。見て見ぬフリですか。それともチラチラと様子をうかがっているだけでしょうか？　むこうが何も言ってこないなら無視しますか。外国語が苦手だから，避けてとおれるものならそうしたいですか。しかしあなたが外国人だったらどうでしょう？　きっと笑顔で快く迎え入れてもらいたいと思うでしょう。
　「ここは自分の居場所である」と思わせる空間をつくること。「ここにいてもいいのね」と思わせる空間をつくり出すこと――どんな場合でも図書館のサービスの一歩はそこからはじまります。

この本を出すわけ

　「多文化サービス」といっても，何か特別なサービスというわけではありません。それは，本が読みたい，情報がほしいという住民の声に応える図書館サービスの一つにすぎません。特色はただ一つ，その「住民」が外国人だということです。現在の情報化社会で

生きていくには，日本人であるか外国人であるかにかかわらず，生活情報や職業情報，また教養や研究のための情報は欠かせません。

　今，日本における在住外国人の人口は，約191万人を超えています。戦前から世代を越えて在住している韓国・朝鮮人や中国人のほか，世界の各地から移住する新しい在住者が増え続けているのです。

　このような新たな状況を迎えているのに，日本では，外国人に対する施策の遅れが目立ちます。それは，図書館サービスの面でも例外ではありません。しかも現実には外国人からの問い合わせや利用者は確実に増えているのです。

冒頭で紹介した場面は決してめずらしい事例ではありません。多文化サービスは，どこか外国で行われているらしいサービスではなく，あなたの目の前にいるかもしれない人々への，すでにさしせまった課題なのです。現場では，すぐにでも役立つ入門書が求められています。

どこからでもお読みください

　日本における多文化サービスはこれまで，約10数年の実践の歴史があります。しかし，個別の実施図書館がそれぞれの地域の状況に強いられるような形でサービスを開始しているケースが多く，各館のノウハウが，全国的に広く蓄積され共有される経験をもっていません。

　そこで本書は，これから多文化サービスをはじめようとしている，もしくははじめたけれどもノウハウの蓄積がなくて，悩んでいる中小公立図書館の方，あるいは，多文化サービスを始めたけれどもこれでいいのかと悩んでいる方を読者として想定して編集しました。

　多文化サービスの範囲は広いのですが，この本では，新しく日本

に住むようになった外国人をサービス対象者とし,母語など外国語による資料提供やサービスを中心に構成しました。

　内容的には,現場で役立つものを作ることをめざしました。本書は,3部構成になっています。Ⅰ部「はじめてみよう　多文化サービス」は入門編で,その1章は,いわば理論編です。2章以下は,実際のサービスをしていく中で出てくる疑問について,主にQ&Aの形で解説しました。Ⅱ部は実践編です。各地で実践している方々からの寄稿をいただきました。Ⅲ部は参考資料です。ここには,すぐに役立つ情報を中心に載せました。したがって,本書を読む際は,最初から最後まで順番に読んでいく必要はありません。必要に応じて,2章から,あるいは実際のサービスに役立てるためにⅡ部から読んでみるなど,役立ちそうなところ,必要なところからお読みください。

目 次

はじめに　iii

I部　はじめてみよう多文化サービス　……1

●1章●　図書館の多文化サービスとは　……2

1.1　図書館の多文化サービスとは　2
1.2　障害者サービスとのかかわり　5
1.3　多文化サービスのあゆみ　7
1.4　日本でのはじまり　13
1.5　調査から見る多文化サービス　18
1.6　日本における在住外国人の概況　23

●2章●　よくある質問に答えて　……32

2.1　はじめの一歩　33
2.2　心のバリアーをはずそう―笑顔が一番・言葉は二番―　36
2.3　サービス計画の立て方―街に出よう―　39

●3章●　はじめてみよう　……43

3.1　カウンターで―外国人利用者との接し方―　43
3.2　収集―すぐにできるものから―　46
3.3　整理―難しく考えないで―　50
3.4　排架―わかりやすく―　58
3.5　児童サービス―子どもがやってきた！―　60

もくじ……vii

3.6 広報・掲示―もっと売り込もう―　64
3.7 集会・行事・日本語学習支援―理解を深めよう―　68
3.8 インターネット端末で―地域と世界をむすぼう―　69
3.9 図書館間協力―あるところから借りよう―　72

●4章● **これからにむけて** ……………………………………… 75

4.1 職員の採用について―外国籍職員の採用を―　75
4.2 外国籍住民は大切なパートナー　78
4.3 図書館学教育で多文化サービスを　80

Ⅱ部　**多文化サービスのいま** ……………83

1　大泉町立図書館のポルトガル語コーナー
　　―群馬県大泉町の実践から ……………………………… 84
2　在住中国人への図書館サービス
　　―広島県福山市の実践 …………………………………… 92
3　アジアの資料を中心として
　　―福岡市総合図書館の国際資料コーナー …………… 100
4　ブラジル人から見た日本の公立図書館の多文化サービス
　　―ポルトガル語資料を中心に ………………………… 108
5　トロント市立図書館(TPL)の多文化図書サービス
　　―日本語資料選択者の立場から ……………………… 114

Ⅲ部 すぐに役立つ使える資料 ……… 123

1 「多文化に対応した図書館」チェックリスト ……… 124
2 市川市立図書館多文化サービス方針等 ……… 127
3 大阪市立中央図書館外国資料サービス検討結果 ……… 134
4 公立図書館の外国語コレクションデータ ……… 137
5 各言語での数,月,曜日 ……… 142
6 エスニック・メディア ……… 151
7 書店リスト(言語別) ……… 158

付録 ……… 171

1 基本参考文献 ……… 172
2 関連団体 ……… 178
3 多文化サービス実践報告リスト(1994〜) ……… 180
4 参考資料とホームページ ……… 183

おしまいに 189

事項索引 193

協力者・多文化サービス研究委員会名簿 199

● コラム「チョットひとやすみ」目次

1 アメリカ合衆国のアウトリーチ活動と多文化サービス　6
2 IFLA多文化社会図書館サービス分科会のいま　11
3 多文化主義はもう古い,これからはグローバリゼーションの時代ではないかといわれますが？　29
4 「か」ではじまることばは難しい　44
5 東京都立中央図書館の中国語・韓国朝鮮語資料コレクション　120

第 I 部

はじめてみよう多文化サービス

1章 図書館の多文化サービスとは

1.1 図書館の多文化サービスとは

　図書館の多文化サービスとは，民族的・言語的・文化的少数者（マイノリティ）を主たる対象とする図書館サービスです。日本社会は長らく「均質な文化・民族」によってなりたつ社会とされてきましたが，いまこうした認識が，歴史的にも現状としても大きな誤りであることが，明らかになってきています。

　日本におけるマイノリティとしては，歴史的な経緯をもつ在日韓国・朝鮮人，中国人をはじめとして，近年急速に増えた外国人労働者，中南米出身の日系人，インドシナ半島などからの難民，国際結婚などの外国籍の人々を，まずあげることができます。また，国籍は「日本」であっても，アイヌ，海外で育った日本人，「帰化」した人，中国帰国者など，異なった文化的・言語的背景をもつ人々が日本には多数暮らしています。図書館の多文化サービスとは，このような日本で暮らすマイノリティの，知る自由・読む権利・学ぶ権利・情報へのアクセス権を，母語を中心とした資料・情報の提供によって保障しようというものです。

　また，マイノリティを「主たる」対象とすると先に述べましたが，図書館の多文化サービスは，マジョリティとしての

日本人も対象とします。地域のマジョリティ，マイノリティを問わず，すべての住民が，相互に民族的・言語的・文化的相違を理解し合うための資料・情報の提供も，また多文化サービスの範囲に含まれます。

　近年，とくに1980年代半ば以降，新規入国者数の増大，在住外国人の権利獲得運動の進展などの図書館外の動きに加え，図書館内部からの動きとして，後述するように国際図書館連盟（International Federation of Library Associations and Institutions, 以下IFLA）東京大会での日本におけるこの種のサービスの欠如の指摘や，障害者サービスを推し進めていく中で育まれてきた「権利としての図書館利用」「図書館利用に障害のある人々」という考え方の進展を受けて，近年「多文化サービス」という言葉を耳にすることが多くなりました。

　また，文部科学省から2001年に出された「公立図書館の設置及び運営上の望ましい基準」でも，成人，児童・青少年，高齢者，障害者とともに「外国人」が利用者の5つのカテゴリーの一つとして示され，「外国人へのサービス」もしくは「多文化サービス」は現在の日本の図書館サービスを考える上で大きな柱の一つとなっています。

＜国際図書館連盟（IFLA）のガイドラインにおける目的と範囲＞

　IFLAのガイドライン（1998年版　改訂版）におけるこのサービスの目的と範囲ををまとめると以下のようになります。

　はじめにサービスの対象を，民族的・言語的・文化的な多様性をもつ住民，具体的には移民，難民，移住労働者，先住民などと定義しています。[1]

1　そのような住民に対して，その人々が求める言語で表現

された資料を提供し、レファレンスなどを行うことであり、通常のサービスと同水準であることをめざし、図書館設置機関の責任において実施することであるとしています。
2 資料の形態は図書、逐次刊行物、視聴覚資料、電子資料などすべてを含み、録音資料と「おはなし」などを重視しています。
3 「クロスカルチュラル」な資料とサービスという項目は、二つの内容がこめられており、含蓄のあるところです。一つは受け入れ国の住民が、マイノリティの文化について学ぶための資料提供が必要ということです（つまり日本人が例えばブラジルについて学ぶなど）。次に在住外国人などのマイノリティが主要言語、市民権、雇用、福祉などについて学ぶための資料提供を不可欠としています（日本では、日本語学習を在住外国人の教育権として確立する必要があるでしょう）。
4 図書館を利用したことがない人々も多いので、多言語広報が重要です。
5 それらを実現するために必要な整備として、国立図書館などによる支援や、職員養成機関において多文化社会を反映する科目構成とマイノリティ学生への奨学などをすすめています。
6 祖先の文化を継承する児童や高齢者、障害者などの特別なニーズに配慮することが重要であることはいうまでもありません。

　この説明からも前述のように、「多文化サービス」とは、「在住外国人」のみならず日本人にも向けた面があることが読み

取れます。

　もっとも,ガイドラインとは大枠を示すものであり,どの国にもそのまま当てはまるようなものではありません。IFLAでも,このガイドラインを示すにあたって,具体的なすすめ方については,各国の実情に応じて本書のような入門書(マニュアル)を作るようにと述べています。

1.2 障害者サービスとのかかわり

　図書館の多文化サービスと障害者サービスは,たいへん深いかかわりがあります。

　障害者に対する図書館サービスの原則とは,「障害者であるがゆえに図書館の利用に際して不利益があってはならない」ということと,「そのためには障害者独自の条件を反映した施設・設備,資料,人的サービスが必要である」ということです。これは図書館の多文化サービスにもそのまま当てはまる視点です。また,これらのグループの人々は,残念ながら日本の社会で,いろいろな意味で差別を受け,抑圧を受けてきた点でも共通性をもちます。新しく日本に住むようになった外国人も,民族的,言語的,文化的少数者であるがゆえに図書館利用に際して不利益があってはなりません。そしてそのためには,マイノリティの条件を反映した施設・設備,資料,人的サービスなどが必要なのです。

　後述するように,「多文化・識字ワーキング・グループ」は,日本図書館協会の障害者サービス委員会の中に組織されました。また,現在,日本の図書館の障害者サービスは,「図書館利用に障害のある人へのサービス」という視点でとらえられ

> チョット
> ひとやすみ

コラム

アメリカ合衆国のアウトリーチ活動と多文化サービス

　「アウトリーチ活動」とは、日本では「アウトリーチ・サービス」と言われたりしますが、アメリカ合衆国ではアウトリーチ・プログラムと呼ばれることの方が多い活動です。
　この言葉は、アメリカの1960年代という地域的、時代的背景を色濃くもつ概念で、周知のとおり、この時期、アメリカはアフリカ系アメリカ人の公民権運動をはじめとするさまざまな人間解放への運動によって大きく揺れ動きました。図書館もこうした動きとは無縁ではありえず、南部の公立図書館の人種隔離撤廃運動や、それに関連したアメリカ図書館協会における論議を契機に、図書館における平等という議論が広く行われました。
　「アウトリーチ」という言葉とともに、当時のアメリカでよく使われた言葉が「不利益をこうむっている人々（the disadvantaged）」という言葉です。
　「不利益をこうむっている人々」について、E. ブラウンは、1969年に出版された『不利益をこうむっている人々への図書館サービス』

るようになっており，その範囲には，心身の障害者のほかに高齢者，非識字者，入院患者，矯正施設収容者，外国人などが含まれるとされています。

　そして，この場合の「障害」とは，図書館利用の権利をもっている利用者に対して負っている「図書館側の障害」としてとらえなおす必要があると考えられています。

　このように，日本における「障害者サービスの一分野」として，多文化サービスが発展してきたことをおさえることに

と題する著書の中で,その範囲を1)経済的に苦境にある人々,2)身体に障害を受けている人々,3)精神的に障害を受けている人々,4)人種差別を受けている人々,5)刑務所やその他の施設に収容されている人々,6)高齢者,7)社会参加の機会を奪われた若者,8)英語に不自由を感じている人々(非識字者を含む)としました。

　当時のアメリカでの用語法では,ほぼ,この「不利益をこうむっている人々」へサービスを広げていくことが,「アウトリーチ・プログラム」である,とみなされていました。

　多文化サービスは,このうち,4),8)に相当しますが,このようにアメリカ合衆国では,多文化サービスが,アウトリーチ活動や「不利益をこうむっている人々」へのサービスの一分野として発展してきたというのは,たいへん重要なことです。こうしたアメリカでの多文化サービスの発展経緯と,日本における障害者サービスと多文化サービスの関係を重ね合わせて考えていく必要があるでしょう。

※アメリカにおける「不利益をこうむっている人々」へのサービスについての日本語文献としては,川崎良孝「アメリカ公立図書館と"The Disadvantaged"」(『現代の図書館』Vol.21, No.1, 1983.3, p.32-56)が大変参考になります。ぜひ一読をおすすめいたします。

よって,私たちは多文化サービスを「普通の」図書館本来の業務としてとらえ,住民の権利の保障という視点をもつことができます。

1.3 多文化サービスのあゆみ

＜各国でのはじまり＞

　欧米での新移民などへの図書館サービスは,20世紀初頭か

らの歴史があります。しかしその目標は，長い間「マイノリティの言語と文化を支援することでなく，むしろ移民たちを受け入れ側の社会に同化させる過程を加速することであった」と，IFLAの多文化社会図書館サービス分科会では考えています。その後，第二次世界大戦以降，大量の移民や難民それに外国人労働者が，国境を越えて移動するようになりました。こうした情勢を受けて，それまでの同化主義は破綻し，移民の人々に対する考え方の変革が求められたのです。それには，発想の転換が必要でした。

　まず，新移民などを，多様な文化や言語を背景とする人々（multicultural populations）としてとらえ，母語などによる図書を提供する試みが実践されました。それ以前には，図書館の利用者といえば主要言語を読めることを当然の前提としてサービスを行っていました。しかし，母語をはじめ，出自にかかわる言葉などへのかくれたニーズがあることを発見したことは，大きなサービスの転換でした。多文化サービスの基本は，まずその存在やニーズに「気がつくこと」からはじまるといわれる所以です。

　このようにして，カナダのトロントやオーストラリアのメルボルンなどの図書館のカウンターでの試行錯誤の中から，「多文化サービス」は誕生したのです。その背景として，カナダやオーストラリアにおける政府レベルの「多文化主義政策」を見逃すことはできません。その意味では，「多文化サービス」とは，一つの時代と特定の地域（移民や労働者を受け入れる側）から出発したサービスといえます。こうした流れの時代背景として，1965年に国連で人種差別撤廃条約が採択されたことも重要なポイントです。

＜IFLA多文化社会図書館サービス分科会の設立＞

　1977年，カナダ国立図書館の多言語蔵書部長，マリ・ゼリンスカ（Marie Zielinska）の呼びかけで，オーストラリア，イギリス，デンマークなどから5人の図書館員がブリュッセルに集まりました。当時彼女は，図書館の多文化サービスのすすめ方について，国際的に話し合うなんらかの場が必要だと考えており，孤立していた各地の司書に手紙を書いて，ブリュッセルでのIFLA会議のとき，ついに初めての会合を開いたのです。この会議のあと彼女たちは，IFLA本部に「多文化サービス」についての申し入れをし，その結果，1980年にようやく3年間と期間を限定されたワーキング・グループを発足させる許可を得ました。その後1983年にはラウンド・テーブルに昇格を認められ，1986年の東京大会において分科会（Section on Library Services to Multicultural Populations）としてデビューするに至ったのです。このようにして図書館の新しいサービスが進展し，1987年には『多文化コミュニティ：図書館サービスのためのガイドライン』が策定されました。

＜日本での広がり＞

　日本の図書館界に，「多文化サービス」という言葉が本格的に登場したのは，1986年のIFLA東京大会において，大会本部が上記分科会を「多文化社会図書館サービス分科会」と翻訳したときといえます。まさに，1986年は日本の多文化サービスにとって，記念すべき第一歩を踏み出した年でした。その後，大会決議を受ける形で，「多文化サービス実態調査」（1988年，日本図書館協会）が実施され，「多文化サービス」という用語は普及していきました。

「多文化サービス実態調査　1988」は，日本図書館協会の障害者サービス委員会によって実施されました。その後，1990年のユネスコ国際識字年を控えて，同委員会の中に「多文化・識字ワーキング・グループ」が組織されました。関西を中心に活動をしていた同ワーキング・グループの成果としては，1992年に行った外国人利用者の調査があります。同調査では，各地の図書館員による，外国人の図書館の利用状況と図書館員の対応について193の事例が記録されています。[2] また，その後，同委員会は1988年調査の後を受けた「多文化サービス実態調査　1998」を実施しています。

　一方，有志の集まりとして，二つの動きをあげることができます。まず，1989年に創刊された『多文化サービス・ネットワーク』第1～10号（1989.12～1996.6，多文化サービス・ネットワーク刊）は，多文化サービスの概念を日本に定着させるのに大きな役割を果たしました。これと前後して1991年に，「むすびめの会（図書館と在住外国人をむすぶ会　LINCS: LIbrarians' Network for Culturally diverse Society）」が設立されました。この二つの活動は連携しあいながら，多文化サービスについて考える大きな人的ネットワークを形成したといえます。

　むすびめの会が発行した『多文化社会図書館サービスのための世界の新聞ガイド：アジア・アフリカ・中南米・環太平洋を知るには』（日本図書館協会，1995）は，現在でも類書があまりない中で有効な情報源の役割を果たしています。また同会は，講演会や学習会などを重ね，図書館界だけでなく，社会教育や学習権の保障にかかわる人々，それに外国人労働者問題などの分野の人たちとも積極的に連絡を取り合い，年4

回発行されている会報『むすびめ2000(にせん)』は2004年8月現在,48号を数えています。

> チョット
> ひとやすみ

コラム

IFLA多文化社会図書館サービス分科会(Section on Library Services to Multicultural Populations)のいま

　本分科会は、IFLAで32番目に設立され、第3部会である「一般大衆にサービスする図書館部会(Division of Libraries Serving the General Public)」に属する9分科会の一つです。分科会活動を計画・推進する常任委員会は、デンマーク、ノルウェー、カナダ、アメリカ合衆国、イタリア、スウェーデン、イギリス、ロシア、オーストラリア、フィンランド、オランダ、南アフリカ、日本など各国の委員で構成されています。「多文化社会図書館サービス分科会」は、本文でも紹介されているように、1986年の東京大会から分科会に昇格しました。分科会活動の目的は、すべての人が平等に情報にアクセスできるよう、住民の言語的・民族的・文化的多様性を反映した図書館サービスの促進、情報交換、研究支援などです。年次総会でのオープン・セッションやワークショップなどのほか、2年に一度、サテライト・ミーティングを行ってきました。

　2003年ベルリン大会では、「ドイツにおける多文化サービス：現状と展望」と題した分科会のワークショップがあり、午前中は発表、午後は見学会が行われました。ドイツでは、1960年代に「ゲスト・ワーカー」と称される外国人労働者が大量に流入しました。その後彼らの定住によって第2・第3世代が出現し、また近年では新規移住者が加わり、それぞれ多様なサービス対象への新たな対応が始まっています。ベルリン大会に引き続き、オランダのユトレヒトで「公共図書館と多言語コレクション」と題するサテライト・ミーティングが3日間にわたって開催されました。各国の

2002年7月，こうした活動の中から，日本図書館協会に，この本の編集にあたった多文化サービス研究委員会が設置されました。

多文化サービスの状況が報告され,意義深い会合となりました。

2004年のブエノス・アイレス大会では,「先住民の文化的アイデンティティを保護するための図書館の役割」というテーマで,ワークショップが開かれました。ラテン・アメリカ及びカリブ分科会と共催でしたが,これまで取り上げられることの少なかった先住民の人々に対する関心を喚起した集会でした。

このあとのスケジュールを紹介しますと,2005年のオスロ大会は,分科会設立25周年を記念し,「多文化バザール,スワップ＆ショップセッション」というテーマが予定されています。また,ストックホルムでサテライト・ミーティングが開催されます。2006年にはソウル大会があり,久しぶりにアジアで開催されるIFLA世界大会には,多くの日本からの参加者が望まれます。

分科会の出版物に関しては,これまでガイドライン *Multicultural Communities: Guidelines for Library Service* 1987年版および1998年版改訂版,1992年刊行のハンドブック *Multicultural Librarianship: An International Handbook* などのほか,年2回分科会のニュースレターが発行されています。

IFLAでは,増えすぎた分科会(現在45)の再評価が2007年に始まる予定です。再編成の対象になる分科会も出てくる可能性があり,「多文化社会図書館サービス分科会」でも,これまで以上に存在をアピールするような活動や努力が求められています。

「多文化社会図書館サービス分科会」に関する詳しい情報は,以下のウェブサイトをご覧ください。
IFLAサイト内 Library Services to Multicultural Populations Section　http://www.ifla.org/VII/s32/slsmp.htm

1.4 日本でのはじまり

　日本での在住外国人に対する図書館サービスのはじまりについては，二つの特徴をあげることができます。一つは，それが主に在日韓国・朝鮮人をターゲットとした活動であったこと，そして，もう一つは，それが在日韓国・朝鮮人およびその支援者としての日本人による私立図書館の活動であったという点です。

　一点目については，1990年以前の日本に在住する外国人の約9割が韓国・朝鮮籍および中国籍であったことから当然だったといえます。在住外国人の数字的な状況は多文化サービスを進めていく上で常に前提となります。

　二点目については，内在的な必要性により，一つのエスニック・グループの中に，自主的な文化活動が起きるのは自然です。しかし，それは公立図書館側の対応がなかったという側面も示しています。図書館に限らず，日本の公的部門での在住外国人を対象とした多文化サービスは遅れていました。

　在住外国人への公的サービスの必要性が意識されだしたのは，「出入国管理及び難民認定法」(1989年12月改正，1990年6月施行，以下「入管法」) の改正がきっかけです。いわゆる「ニューカマー」といわれる南米などの移民の2世，3世が来日しやすくなったことにより，彼らの大量の増加が，逆にさまざまな経緯から世代を重ねて日本に在住していた韓国・朝鮮籍，中国籍の「オールドカマー」に対する公的部門でのサポートについて，それまでほとんど顧みられていなかった実情をあぶりだしたといえます。

＜私立図書館における活動＞

こうした中で，在日韓国・朝鮮人および彼らを支援する日本人の活動をサポートし，朝鮮半島の文化に対する理解を深める私立図書館として，関西で，青丘文庫（神戸市，1971年設立），猪飼野図書資料室（大阪市，1977年設立），学林図書室（大阪市，1978年設立），錦繍（クムス）文庫（尼崎市，1987年設立）などの活動が在日韓国・朝鮮人の多い地域ではじまりました。また，アジアセンター21（大阪市）は，1970年代初めから日本人のアジア理解を深める活動を進める中で，アジアに関する日本語の本を集める「アジア図書館」(1981年設立）を運営してきていました。

これらの活動の多くは強い財政基盤や運営体制をもっていないボランタリーな活動として行われていますし，必ずしも図書館がその活動の中心というわけでもありません。「アジア図書館」は公的援助を求め複数の自治体と具体的な接触を重ねつつも，運営の自主性を保ち続ける姿勢で，総合的な会館施設であるアジアセンター21の設立のための基金の積み立てを行っています。

民間活動の自主性を確保するという点では，「ひも付き」を条件とする行政の援助は受けない方がよいともいえます。しかし，「図書館」活動を考える場合，経常的な資料費や運営のための人手が必要であり，また，運営を継続させるには，図書館運営のノウハウが欠かせません。結果として，学林図書室，猪飼野図書資料室はすでに図書館としての活動は停止しており，青丘文庫は設立者の生前に神戸市立中央図書館に移管されています。多文化な人々に対する図書館サービスの継続的な活動を考える場合，民間の自主的な活動の尊重とそれ

との協働を前提としながら,公的部門である公共図書館の責任をも追い求める必要があります。

＜多文化社会図書館サービス分科会および全体会議決議＞

　1986年,IFLA東京大会の同分科会で,坂口勝春による大阪のアジア図書館の活動が報告されました。この報告は,参加者に驚きをもって迎えられました。海外からの参加者は,そうした活動が一切の公的補助を受けず,いわば行政的に放置されたままで運営されていることにショックを受けました。一方,指摘を受けた日本の図書館関係者は,そうした指摘を受けたこと自体にショックを受けたのです。

　この分科会での論議を受けて,1986年8月29日「……我々は,国会・国立国会図書館・文部省そして図書館サービスに責任のある地方自治体に対して(社)日本図書館協会と協力し,マイノリティが必要とする情報や資料は何かを調査することを要請する。そして,その調査に基づいて解決の道を提示すること,また必要な物心両面の援助の為の勧告を出して,公共図書館の専門的な事業や,アジアセンター21によってすでに始められているような特別な文化活動に協力していくことを要請する」という「多文化社会図書館サービス分科会および全体会議決議」が出されました。[3]

　これを受けて,日本図書館協会は1988年に,毎年行っている統計調査の付帯調査として「多文化サービス実態調査」を実施しました。この調査は,当時の実態を把握しながら,結果的に多文化サービスの必要性を日本の図書館界に訴える調査となりました。しかし「マイノリティが必要とする情報や資料は何かを調査」し「その調査に基づいて解決の道を提示

すること」など，IFLA東京大会で与えられた課題は，いまだに積み残されたままになっています。

<日本での多文化サービスのはじまり>

　公立図書館での多文化サービスの先駆的な例としては，東京都立中央図書館開館（1972）に向けての現代中国語資料の収集，続いて都議会への「アジア図書館設立を求める請願」を受けて開始された1975年からの韓国・朝鮮語資料の収集があげられます。これは，従来の「和漢書」の区分から離れて，「外国語資料」として，近代の中国，韓国・朝鮮語資料を収集するもので，漢籍と洋書という従来の収集カテゴリーを越えている点で画期的なものでした。[4] ただ残念なことに，これは突出した事例となっており，次に続く事例を見るまでには，なお10数年を必要としました。

　1988年，大阪市立生野図書館は「韓国・朝鮮図書コーナー」を開設しました。日本の公立図書館での多文化サービスのはじまりは，まさにこのときからといえるでしょう。大阪は，昔も今も日本で最大の在日韓国・朝鮮人居住地であり，彼らへのサービスもここから出発しました。このコーナーの開設は，在住している外国人に焦点を絞った初めての実践でした。

　それは，分館ごとに異なる民族集団に向けての活動から出発した，外国での多文化サービスの模索に重なるものがあります。しかもこのスタートは，外来の「多文化サービス」という理念だけが先行していたわけではありません。地域にある小さな図書館が，地域に密着した図書館サービスを追求し，実績を積み重ねてきた結果，大阪市立図書館として独自に，その地域に多く住んでいる在住外国人のためのサービス・

コーナーを生み出したという点で特筆されるものです。

大阪市立生野図書館　韓国・朝鮮図書コーナー

<生野図書館「韓国・朝鮮図書コーナー」>

「韓国・朝鮮図書コーナー」には，韓国・朝鮮語で書かれた本約800冊（当初は児童書が中心）と，韓国・朝鮮の歴史・文化に関する日本語で書かれた本がまとめて置かれました。大阪市生野区は人口の約4分の1が韓国・朝鮮籍という地域であり，宮城政子館長（当時）が「うちがしなけりゃどこがやるの」と，コーナー開設を館内で説いたように，多文化サービスをはじめるには条件の整った地域でした。

コーナー開設直後に図書館に来た子どもが「あっ，ウリマル[5]がある」と嬉しそうな声を（日本語で）あげたというエピソードがあります。このように，韓国・朝鮮語の資料に対するニーズはもともとあったのに，図書館がそれに応えていなかったのです。

1章　図書館の多文化サービスとは………17

こうした図書館サービスは，在日韓国・朝鮮人の長い歴史を考えるなら本来は私立図書館の活動に先んじて実施されていてもおかしくはなかったものです。現実には大きく遅れてのスタートではありましたが，公立図書館としての一定の活動レベルをふまえた上での，地に足のついた活動の帰結だったといえるでしょう。

　1980年代後半から，入管法の改正（1990年）以降，外国人労働者がさらに増加し，各地の多文化状況がそれまでと大きく変化していきます。こうした中で，それぞれの地域の生活に密着した公立図書館での多文化サービスへの取り組みが徐々に増えてきています。

1.5 調査から見る多文化サービス

　ここでは，日本図書館協会が行った3つの調査をもとに，多文化サービスの現状についてみていきます。

　日本図書館協会は，『日本の図書館』の付帯調査で，公立図書館の多文化サービスに関する調査をこれまでに3回実施しています。最初は，IFLA東京大会の「決議」を受けて行った1988年，その10年後の1998年，そして2002年のミニ調査です。なお，2002年調査は「ミニ調査」のため，他の調査より調査項目が少なくなっています。

＜1988～1998は大幅増，1998～2002は数量微増・割合微減＞

　それぞれの調査は調査方法や統計の扱い方などが異なるため，単純な比較はできませんが，全体的な傾向は，1988～1998年では大幅増，1998～2002年は数量微増・割合微減といえる

でしょう。

　1988〜1998年の大幅増というのは，外国語図書の冊数（表1）に顕著にみられます。これは，それまでの取り組みが非常に貧弱だったこと，およびこの10年間で日本社会の在住外国人をめぐる状況が大きく変化したことを示しています。一方，1998〜2002年の割合微減というのは，自治体の財政事情が苦しくなってきたこと等々の反映と思われます。

表1．外国語図書の所蔵：冊数

	2002年調査		1998年調査		1988年調査
	該当数	累計	該当数	累計	
0冊		498(21.9%)			※1987年度に外国語図書を購入した館…404(35.2%)
1〜100冊	841(31.3%)	1910(71.1%)	738(32.5%)	1642(72.3%)	
101〜500冊	612(22.8%)	1169(43.5%)	551(24.3%)	904(39.8%)	
501〜1000冊	189(7.0%)	457(17.0%)	130(5.7%)	353(15.5%)	
1001冊以上	268(10.0%)	268(10.0%)	223(9.8%)	223(9.8%)	
無回答			132(5.8%)		

　また，2002年のミニ調査で新たに設けられた項目として，「多文化サービス専用コーナー設置の有無」があります。注目されるのは，1割を超える館（12.4%）が，設置していると答えていることです。後に3章で述べますが，外国語図書の排架はコーナーとして別置することが望まれます。全国の公立図書館の外国語資料の冊数が，コーナーを設置できるぐらい

まで増えてきた結果といえるでしょう。

＜1988年調査と1998年調査の比較─要求の増大─＞

次に多くの点で比較可能な1988年調査と1998年調査について見てみると，この10年間で，外国籍職員の採用（表2），文書化された業務指針の有無（表3），「外国人のための資料」の請求（表4）など，多文化サービスにかかわるいろいろな面でパーセンテージが上がったことがみてとれます。

また言語別に見ると，韓国・朝鮮語，中国語，スペイン語資料が大幅に増えています（表5）。これらの結果は，公立図書館の外国語資料の収集が，現在の日本に実際に住んでいる外国人の使用言語の実態にある程度即している結果だといえるでしょう。

とくに注目したいのは，「外国人のための資料」の請求が顕著に増え，公立図書館全体として，過半数（55.7％）の図書館が要望を聞いた経験があると答えている点です。こうした要求を，図書館側がどのように汲み取っていくかが今後の課題といえるでしょう。

表2．外国籍職員の採用

	2002年調査	1998年調査			1988年調査（「司書」採用）
		可	不可	無回答	
正規職員	（調査項目になし）	488(21.5%)	1399(61.6%)	385(16.9%)	可 120(10.5%)
それ以外の職員		797(35.1%)	1023(45.0%)	452(19.9%)	

表3．文書化された業務指針の有無

2002年調査	1998年調査			1988年調査
（調査項目になし）	ある	ない	無回答	ある
	157(6.9%)	1934(85.1%)	158(7.0%)	12(1.0%)

表4．「外国人のための資料」の請求

2002年調査	1998年調査			1988年調査
（調査項目になし）	ある	ない	無回答	ある
	1266(55.7%)	897(39.5%)	109(4.8%)	45(3.9%)

　一方，外国籍職員の採用については，数値としては大幅に増加していますが，まだ正規職員としては「不可」としているところが約6割で，それ以外の職員でも半数弱が「不可」としている点は気になります。外国籍職員の採用の重要性は4章の1節で述べますが，国籍条項をめぐる状況が変化している中で，旧来の「公務員は当然日本国籍保有者に限られる」という考えが，まだまだ根強い様子をみてとることができます。

＜さまざまな苦労と工夫─英語中心・児童書中心，言葉の壁とサービスのノウハウ＞

　先に，英語以外の図書が増えていることを述べましたが，蔵書全体としては，まだまだ英語中心という側面からは逃れられないようです。1998年調査では，一般書／児童書別で見ると，英語以外の言語では児童書を所蔵している図書館数は一般書を所蔵している館の約2倍です。つまり，外国語資料の整備状況は，まだまだ，英語中心・児童書中心であり，相対的な所蔵冊数の少なさもあり，必ずしも地域の在住外国人

表5．外国語図書の所蔵：言語別有無（一般書／児童書）

	2002年調査 注)	1998年調査 一般書	1998年調査 児童書	1988年調査 (1987年度の 受入実績)
韓国・朝鮮語	195(7.3%)	253(11.1%)	511(22.5%)	20(1.7%)
中国語	226(8.4%)	326(14.3%)	484(21.3%)	43(3.7%)
その他の アジア言語	64(2.4%)	100(4.4%)	413(18.2%)	……
英語	1139(42.4%)	1246(54.8%)	1362(59.9%)	381(33.2%)
スペイン語	132(4.9%)	155(6.8%)	424(18.7%)	28(2.4%)
ポルトガル語		141(6.2%)	372(16.4%)	……
その他のヨーロッパ言語	ドイツ語 112(4.2%) フランス語 132(4.9%) イタリア語 53(2.0%) ロシア語 56(2.1%)	249(11.0%)	563(24.8%)	フランス語 80(7.0%) ドイツ語 88(7.7%)
無回答		1010(44.5%)	892(39.3%)	

注）この「言語別冊数」の調査に関しては，2002年のミニ調査では,設問が「所蔵外国語図書ただし（100冊以上所蔵の図書）の言語（複数回答可）」となっており,1988年,1998年調査と単純には比較できないので,「参考値」として見てほしい。全調査館のうち,外国語図書所蔵総冊数が100冊以下の図書館が,全体の31.3%にも上っているからである。

のニーズに十分応えているとはいえない側面がうかがえます。
　一方，1998年調査では，多文化サービスに取り組むにあたっての問題点などを，選択肢（複数回答可）でたずねています（表6）。ここでは，「言葉」に対する不安（カウンター

対応,収集整理面など)が一番大きく浮かび上がり,続いて,予算の制約,収集・整理などの技術面での難しさなどがあげられており,図書館界全体としての多文化サービスの認知とノウハウの蓄積が不十分である点が浮き彫りになっています。

また,漠然とした不安感が先に立ち,続いて技術的・具体的な問題点が提示される傾向がみられます。

総じていうならば,この15年間の公立図書館の多文化サービスは,たしかな進展を示してはいますが,英語中心・児童書中心という旧来のサービス形態を踏襲している部分も多いといえるでしょう。

表6.「在住外国人への図書館サービスについて,貴館では下記のうちに該当する点がありますか?」

カウンター応対・利用案内作成などの際の職員の外国語能力に難がある	1120(49.3%)
地域外国人のニーズが不明	1102(48.5%)
資料費がない・少ない	897(39.5%)
外国語図書の選書・発注が困難	754(33.2%)
電算入力できない外国語(文字)がある	593(26.1%)

(1998年調査のみ,選択式・複数回答可,回答の多い上位5件のみ)

1.6 日本における在住外国人の概況

ここでは,統計と法令を中心に,在住外国人の概況について,ごく簡単に見ていきます。

＜統計にみる在住外国人＞

2003年末の日本における外国人登録者の総数は図1に示すように1,915,030人で総人口の約1.5%となっています。

在住外国人の国籍別構成比は、図2に示すように、1980年代までは、さほどの変動はありませんでした。それが、1990年の入管法の改正により、大きく変化しました。

この「入管法」の改正の結果、外国籍の日系2世・3世の日本滞在が「定住者」等の資格で許可されるようになったため、1989年に1,458人だったブラジル人が1990年には53,429人に、4,121人だったペルー人が10,279人と大幅に増加しました。その後も、こうした南アメリカ出身者の増加が続いています。

この1990年という年は、在住外国人をとりまく、一つのエポックともいえる年です。まず、この年に、外国人登録者総数が初めて100万人を超えました。またこの年以降、在住外国人の多国籍化の様相も進んでいます。例えば、1982年に外国人登録者の83.5%（669,854人）が韓国・朝鮮籍であったのに対し、2003年にはその割合は、32.1%（613,791人）に減少しています。一方、上位6か国を除く「その他」が、1982年の5.2%（42,113人）から2003年には14.5%（277,421人）に増加しています。

在住外国人の、都道府県別の在住者は、図3に示した上位10都道府県に、全体の70.3%の人が住んでおり、集住化の傾向がみられます。住んでいる地域も、国籍によって、韓国・朝鮮型（近畿）、南アメリカ型（東海・北関東）など顕著な違いがあります。このような外国人が集住していることで、よく知られている例としては、韓国・朝鮮籍の人が多く住む大

阪市生野区、ブラジル籍の人が多く住む群馬県大泉町などがあります。ほかに特徴的な地域としては、アメリカ合衆国籍が全体の23.6％を占める沖縄県、タイ国籍が全体の10.1％を占める茨城県等があります。

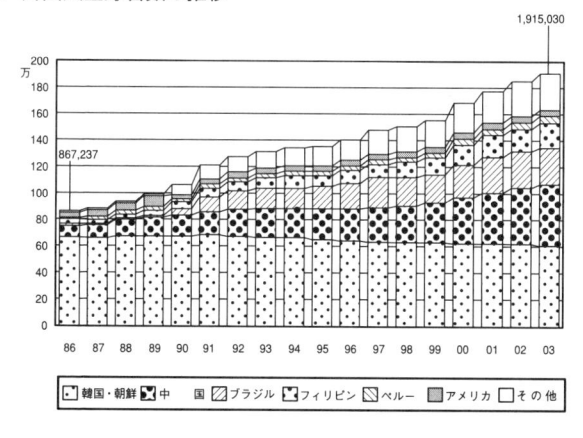

図1．2003年末外国人登録者数

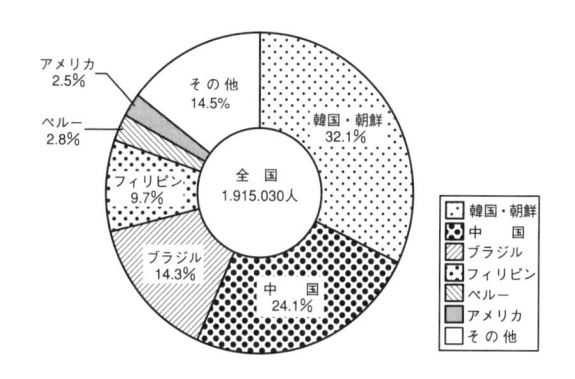

図2．外国人登録者数の推移

1章　図書館の多文化サービスとは………25

図3．2003年末現在外国人登録者数上位都道府県の国籍（出身地）別の割合

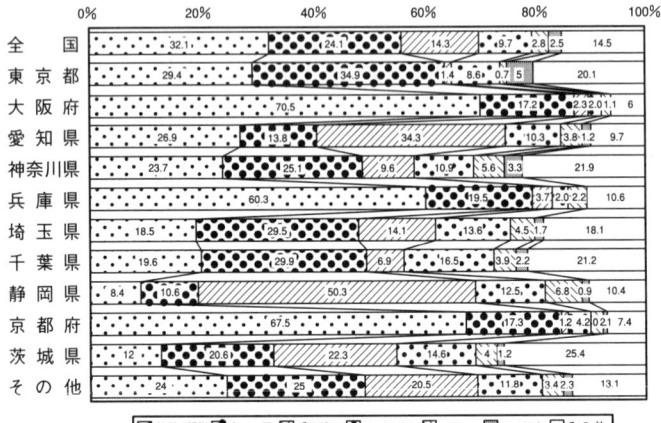

	韓国・朝鮮	中国	ブラジル	フィリピン	ペルー	アメリカ	その他
全国	32.1	24.1	14.3	9.7	2.8	2.5	14.5
東京都	29.4	34.9		1.4	8.6	0.7	5	20.1
大阪府	70.5			17.2	2.3	2.0	1.1	6
愛知県	26.9	13.8	34.3	10.3	3.8	1.2	9.7
神奈川県	23.7	25.1	9.6	10.9	5.6	3.3	21.9
兵庫県	60.3			19.5	3.7	2.0	2.2	10.6
埼玉県	18.5	29.5	14.1	13.6	4.5	1.7	18.1
千葉県	19.6	29.9	6.9	16.5	3.9	2.2	21.2
静岡県	8.4	10.6	50.3	12.5	6.8	0.9	10.4
京都府	67.5			17.3	1.2	4.2	0.2	1	7.4
茨城県	12	20.6	22.3	14.6	4	1.2	25.4
その他	24	25	20.5	11.8	3.4	2.3	13.1

＜在住外国人にかかわる法令＞

　日本における外国人に直接かかわる法令としては「出入国管理及び難民認定法（入管法）」と「外国人登録法」があります。しかし，この二法は外国人の「管理」を主眼としたものであり，外国人の権利や生活を総合的に考えるのに適した法令ではありません。

　現在の憲法学上の解釈では1978年10月4日のマクリーン事件[6]についての最高裁判所の判決以降，憲法第3章の人権規定は，「権利の性質上適用可能な人権規定は，すべて外国人にも及ぶ（性質説）」と，考えられています。各種の判例や通説の上で，外国人に許容されない人権の代表的なものとしては，参政権，社会権[7]，入国の自由があげられることが多いようです。

しかし,地方選挙権に関しては,最高裁判所が1995年2月28日の判決で,永住外国人の地方自治体レベルの選挙権は違憲ではなく,法律の改正により可能であるとしています。また,社会権に関しても,各人の所属する国によって保障されるべきであるが,外国人に対して原理的に認められないものではなく,法律において外国人に社会権の保障を及ぼすことは,憲法上何ら問題はないとされています。

　こうした社会権のうち,社会保障に関しては,「国籍条項」を楯に在住外国人に対して,長い間制限してきました。しかし,日本が1979年に二つの国際人権規約(「経済的,社会的及び文化的権利に関する国際規約:A規約」および「市民的及び政治的権利に関する国際規約:B規約」)を批准し,1982年に「難民の地位に関する条約(難民条約)」を批准したことをきっかけに大幅に前進しました。

　現在では,「国民年金法」「児童扶養手当法・特別児童扶養手当法・児童手当法(児童三法)」「住宅金融公庫法」「公営住宅法」などの国籍条項が撤廃され,社会保障上のかなりの部分において「国籍・人種による差別はなくなった」とされています。しかし,このような社会保障上の差別撤廃が,国際条約の批准という「外圧」をきっかけにしかなされなかったということは,胸に刻んでおく必要があるでしょう。

<自治体,NGOの動き>

　一方こうした国政レベルでの外国人政策の遅れに対して,地方自治体レベルでの対応は注目されます。1990年代から,各自治体は積極的に国際化の施策を打ち出してきています。2001年には,浜松市,大泉町などの外国籍住民が集住する13

都市が集まって外国人集住都市会議を行い,「地域共生」についての「浜松宣言」および「提言」を行いました。[8]

また,「日本語フォーラム全国ネット」[9]では,2001年に「多文化・多言語社会の実現とそのための教育に対する公的保障をめざす東京宣言」を採択しました。このような地方自治体やNGOなどの地道な活動が,国の施策の遅れをカバーし,法律の改正への原動力となる点も見逃すことはできません。

＜在住外国人と情報,教育,図書館＞

在住外国人の生活で,まず問題となるのは「医・職・住」であるといわれています。こうした「生き残り」のための問題が緊急の課題であることは確かですが,それでは,在住外国人にとって,図書館は「二の次」なのでしょうか？

まず,考えられるのは「生き残り」のための問題も,まず情報に直結しているということです。上記の外国人の人口動態や,法令上の位置付けをみると,在住外国人が,日本の法令,政策の変化によって日本人以上に大きな影響を受けることがわかります。こうした法令,政策などに関する正確な情報の必要性はいうまでもありませんし,また戦争や災害に際しての母国の情報もまた在住外国人にとって,たいへん重要です。阪神大震災の際に,外国人への情報提供を試みる団体が多く立ち上がり,今日までその活動が発展的に継続されているのは,このことを示すよい例といえるでしょう。

次に,教育・学習について考えてみますと,「ユネスコ学習権宣言」では以下のように高らかにうたわれています。

学習権は未来のためにとっておかれる文化的ぜいたく品ではない。

　それは，生き残るという問題が解決されてから生じる権利ではない。

　それは，基礎的な欲求が満たされたあとに行使されるようなものではない。

　学習権は，人間の生存にとって不可欠な手段である。

チョットひとやすみ

コラム

多文化主義はもう古い，これからはグローバリゼーションの時代ではないかといわれますが?

　多文化主義とグローバリゼーションを対比的にとらえるのはおかしな論です。こういう時代だからこそ，私たちが住む町に外国人が増えているのです。多文化サービスは，地域に根ざす図書館としての，そこに住む人へのあたりまえの資料提供なのですから，はやりすたりには左右されない，これまでにも増して必要なサービスです。

　IFLAの多文化社会図書館サービス分科会も，創立当時の人々から，若い世代が引き継ぎ，グローバル化時代の「ストラテジー・プラン」を発表して今後の展望を示しています。日本での多文化サービスもIFLAの分科会と連携をとって，自信をもって取り組みましょう。

　IFLA多文化社会図書館サービス分科会のあゆみは，『IFLA多文化社会図書館サービス』(注1) 参照) に詳しく書かれています。

こうした学習権を保障する場として，図書館の果たしうる役割はたいへん大きなものです。外国人に対する各種調査において，公共機関の中で利用した経験の多い施設の中で，図書館は常に上位を占めるなど，在住外国人にとって，図書館は「縁のない場所」ではないということが明らかになっています[10]。プライバシーを問われることなく，誰でも気軽に入れる図書館は，外国人にとっても身近な存在なのです。

　在住外国人にとって図書館は「二の次」ではありませんし，図書館にとっても，在住外国人は「日本人の次」のお客様ではありません（2章1節参照）。現在ではまだ，こうした在住外国人のニーズと図書館サービスは十分むすびついているとはいえませんが，「いつでも・どこでも・だれでも・どんなものでも」という図書館の信念には，言葉の違いも国境もありません。「多文化サービスは必要とされているんだ」という確信をもってサービスを進めていきましょう。

注

1) なお，このガイドラインは，『IFLA多文化社会図書館サービス』（深井耀子・田口瑛子編訳），多文化サービス・ネットワーク，日本図書館協会発売，2002年．に多文化社会図書館サービス分科会の20年史などとともに収録されている（付録4参照）。
2) 「付録4」　p.185参照
3) 「付録1」　p.172参照
4) 「コラム」　p.120参照
5) 「私たちの言葉」の意味の韓国・朝鮮語
6) マクリーン事件　アメリカ人ロナルド・アラン・マクリーンが，在留期間1年として日本に入国し，1年後にその延長を求めて，

在留期間更新の申請をしたところ，法務大臣が，マクリーンが在留中に政治活動（ヴェトナム反戦，出入国管理法案反対，日米安保条約反対等のデモや集会に参加した行為）を行ったことを理由に，更新を拒否した事件。最高裁の判決ではこれを支持し上告棄却。
7) 人間に値する生活を営むための諸条件の確保を国に求めることができる権利。自由・平等を実質的に保障するために20世紀になって認められてきた基本的人権。社会権的基本権。生存権，教育を受ける権利，勤労権，勤労者の団結権・団体交渉権などがある。（新村出編『広辞苑』第5版，岩波書店，1998，より）
8)「付録1」　p.176 参照
9)「付録2」　p.179 参照
10)「付録4」　p.186 参照

2章 よくある質問に答えて

大泉町立図書館で雑誌や新聞を読みに，定期的に利用している日系人夫婦
（奥さんは，ポルトガル語講座の先生）

　本章は，図書館の多文化サービスに初めて取り組もうとするときに感じるであろう「よくある疑問・質問」に答えるものです。

　「多文化サービスのあり方」や計画段階での「どう思いますか」と聞かれる質問に答えることを意図しました。実際にサービスを行っていく上での，より具体的な疑問は，第3章で取り上げます。

2.1 はじめの一歩

Q. 日本人へのサービスが先ではないのですか？

　図書館サービスは,「すべての人に等しく」享有されるべき人権です。たしかに現実には外国人へのサービスは多くの困難を伴い, すぐに手をつけることは難しいかもしれません。しかし,「日本人へのサービスが先」と言ってしまうことは, 図書館の側が, 利用者を選別してしまうことでしょう。読書への要求, 知る自由の保障の必要性は日本人でも外国人であっても変わりません。学習する権利の視点に立てば, 利用者に「先」も「後」もありません。「すべての人に等しく」が原則なのです。

　このように, 図書館を利用することを人権ととらえることはとても大切な視点です。しかし, 一般的には, なかなか通じないかもしれません。そのとき, 一つおさえておくべき概念が,「外国人も納税者である」ということです。税金によってなりたつ公立図書館は, 納税者にサービスを行う義務があります。その法的根拠は, 地方自治法に求めることができます。同法の第10条では,「市町村の区域内に住所を有する者は, 当該市町村及びこれを包括する都道府県の住民とする」とし, その第2項では,「住民は, 法律の定めるところにより, その属する普通地方公共団体の役務の提供をひとしく受ける権利を有し, その負担を分任する義務を負う」と述べられています。

　また, 外国語資料を収集し, 提供することは, 外国人のためだけではなく, 日本人のためでもあるのです。共に暮らす地域に住む外国人の言葉や文化, 生活について知ることは,

そこに住む日本人にとっても地域を知り、さらに世界を知るための窓口ともなるのです。

Q. 外国人からの図書館への要求がないのですが……。

　要求には、「顕在的な要求」と、「潜在的な要求（ニーズ）」があります。IFLAのガイドラインでは、以下のように述べています。「要求[demand]もまた大切である。要求は、様々な理由で、特定の民族的・言語的・文化的マイノリティ人口の割合に対応するとは限らない。したがって、いままでサービスが提供されてこなかった場合には、要求を考えに入れることはできない。過去に提供が不十分であったり、サービスが貧弱で不適切であったり、あまり期待されていなかったり、広報がまずかったり、人々が図書館サービスについて知らなかったりすることの反映が、要求の低さにでているかもしれないのである。このような場合、サービスに関する決定をくだす前に、要求がなかったり要求のレベルが低かったりする理由を徹底的に調査すべきである。」

　もちろん、顕在的な要求を軽視してよいということではありません。図書館は、まずマイノリティ住民の顕在的な要求に徹底して応えていくことをサービスの何よりの指針としていくべきです。また、個別の要求に応えていく中で、その要求を記録・分析し、職員全体で共有化しながら、図書館の運営に反映させていくことが必要です。

　しかし、「潜在的な要求（ニーズ）」をもっていても、それが顕在的な要求という形にならないこともしばしばあります。マイノリティ住民は、資料や情報がほしいと思っていても、図書館で自分の望む言語でのサービスが行われることを期待

していなかったり，あるいは図書館サービスそのものを知らないなどの理由で，直接図書館に対する要求を行わないことも多いものです。とくに，アジアや南米出身の方の場合，自国の図書館イメージにより，残念ながら，図書館に自分たちの要求を出すことを考えてもいない場合も多いようです。「［目に見える］要求がないからサービスは不要」としてしまう前に，「ほんとうに，ニーズはないのだろうか？」と考える姿勢が必要です。

Q. そもそも多文化サービスってどうして必要なのですか？

端的にいうならば，そこに外国語の資料・情報の提供を望む人がいるからです。

公立図書館とは，知識・情報の共有のための社会的なシステムの一つだということができます。人類がその歴史を通じて育んできたさまざまな文化は，より多くの人に伝えられることによって，初めて意味をもちます。人々が日常生活を営んでいく上で必要な情報の入手を公的に保障していくには，組織的に情報を収集，蓄積，整理した，誰にでも利用できる機関の整備が欠かせません。公立図書館が地域住民の税金によってなりたち，地域住民の誰にでも自由に利用できる施設でなければならないのは，こうした原理に基づきます。

国際人権規約B規約（市民的及び政治的権利に関する国際規約）第19条2項では，「すべての者は，表現の自由についての権利を有する。この権利には，口頭，手書き若しくは印刷，芸術の形態又は自ら選択する他の方法により，国境とのかかわりなく，あらゆる種類の情報及び考えを求め，受け及び伝える自由を含む」と述べられています。ここでいう「す

べての者」とは，文字通り「すべて」であり，年齢や人種，国籍，宗教，文化，政治的な所属，身体的その他の障害，性別その他のいかなる要素も問わないということです。

この国際人権規約B規約第19条2項を具現化する機関である公立図書館にとって，国境はかかわりなく，また言語もかかわりありません。求められる資料をその人に最も適した方法で提供すること。いわば図書館共通の原則の対象が，たまたま外国人であったり，外国語を望む人であるという普通のサービスの一環として「多文化サービス」は必要なのです。

2.2 心のバリアーをはずそう―笑顔が一番・言葉は二番―

Q. 外国語を話せる職員がいないのですが，多文化サービスをはじめることはできるのでしょうか?

「外国語ができないと多文化サービスはできない」と思いこみがちですが，そうではありません。誰でも多文化サービスの担い手になることはできるのです。通訳や翻訳のプロになるほどの語学力がなければ，図書館の多文化サービスができないというわけではありません。もちろん，どんなサービスであってもサービス対象（人）や提供する商品（資料）に無頓着であっては，いい仕事ができるはずはありません。その意味で，資料提供のプロである図書館員であるなら，サービス対象である人々と彼らが使用している言語についての基礎知識や辞書を引く力ぐらいはもちたいものです。でも，掲示やパンフレットの作成など，ある程度の語学力を求められる局面では，在住外国人グループに協力してもらうことも考えられます。まずは気楽に取り組んでみましょう。

多文化サービスは，気楽に話しかけられやすい雰囲気と，笑顔で利用者を迎えることからはじまります。図書館員の笑顔は，図書館が外国籍の方を含むすべての住民に開かれた施設であることを利用者に伝える役目を果たしています。

　外見だけでは，その利用者がどのような文化的・言語的背景をもっているかはわかりません。何か迷っている様子のときには，「何かお探しですか？」など，図書館員の方から積極的に声かけをしてみましょう。

　声をかけられたときも，自館に所蔵していない言語の本を要求された場合，「ありません」「できません」で終わってしまう対応では利用者はあきらめてしまいます。柔軟な心で相手を思いやり，時間や手間がかかっても提供するための努力を惜しまないことが大切です。

　図書館員の心のバリアーがはずれたとき，利用者の心のバリアーも消え，そこには対話が生まれることでしょう。

Q. 新しく外国語資料を集めることになったのですが，何から手をつければよいのか迷っています。

　まずサービスの方針を立てる必要があります。そのためには，他の図書館での実践報告を読んだり，経験者の話を聞いたりしてみましょう。そうすれば，これからやる作業手順やその後の課題などを具体的にとらえることができることでしょう。

　次に，地域に住んでいる外国人の国籍別の数の把握をし，どのような図書館サービスへの要求があるのか把握する必要があります。外国人の学習グループなどがあれば，そこに出かけて話を聞くのも一つの方法でしょう。

実際の作業を進める段階になったら，ひとりで抱え込むのではなく，常にみんなに報告をし，できるだけ相談して進めることが必要です。準備段階から，他の職員にも新しい事業にかかわってもらうことが，サービスを開始した後の事業展開にも役立つでしょう。またその後もよき理解者・協力者として支えてくれることでしょう。

Q. 多文化サービスをはじめるときに，職員に対してどのような研修をしたらよいのでしょうか？

　多文化サービスは，一職員の熱意のみで提供されるものではなく，組織的に取り組むことが大切です。そのような共通認識を得るためには，館長も含めた図書館員全員を対象とした研修のプログラムで，多文化サービスも取り上げる必要があります。また，図書館における多文化サービスが，自治体における重要な国際化政策の一つであることを，他部署の職員にも積極的に紹介していく必要があります。例えば，自治体全体の国際化研修や人権研修の中で，図書館での取り組みを報告するのも，一つの方法かもしれません。

　研修で扱う基本的な内容としては，公立図書館の役割の解説，図書館の多文化サービスの理念や目的，外国籍住民をとりまく状況や彼らの声，などがあります。講師の人選が難しい場合は，日本図書館協会が企画・監修した『新しい文化の創造をめざして：望まれる多文化サービス』（紀伊國屋書店，1998）のビデオの活用もおすすめします。

　また，職員に外国語研修を実施することも重要です。日常会話が可能なレベルに達しなくても，辞書を使ったり，簡単なあいさつができるようになれば，知らない言語で話しかけ

られたときでも過剰反応することなく，一般の利用者に接するときと同じく，落ち着いて対応することができるようになるでしょう。

Q. 書店からすすめられた外国語図書をまとめて購入したので，しばらくすることがなくなってしまいました。

　外国語の本を集めて棚に並べただけでは，多文化サービスをしているとはいえません。言語別貸出冊数，蔵書回転率等をチェックし，購入した外国語図書が実際に読まれているかを調べることも必要です。もし，あまり利用されていない様子だったら，選書方法やPR方法に問題があるのかもしれません。どんな本が望まれているのかのアンケートをとったり，「新着外国語図書案内」を作ったり，もうひと工夫してみましょう。自治体の外国人登録窓口や相談窓口に，図書館の案内パンフレットを置いてもらうことなども，とても効果のあるPRになります。

2.3 サービス計画の立て方―街に出よう―

Q. 多文化サービスをはじめたいのですが，外国籍住民のニーズを知るにはどうしたらよいでしょうか？

　ニーズは，下記のような資料でつかむことができます。このほか，自治体の担当部署から常に新しい情報を得られる関係を作っておくことも重要でしょう。
(1) 外国籍住民の国別地域別内訳人数等がわかる行政統計
　　例）在留外国人統計等
(2) 外国籍住民に対して実施した行政需要調査書（生活問

題・行政に対する要望等)
(3) 外国語資料を収集している公立図書館の実践レポート[1]
(4) 日本で入手できる外国人向けの新聞・雑誌・本・ビデオ

また,以下のような場所で,生の声を聞くことが必要です。
(5) エスニック・グループのリーダー的な人がいるところ
　　例) 同国人が開いている日本語教室・雑貨店・レストラン
(6) 外国人への支援者がいるところ
　　例) 日本語教室,国際交流団体,外国人相談窓口・教会
そのほかに,ヒヤリングする場を図書館側で設定し,ニーズ調査に協力してもらうことも考えられます。

Q. 多文化サービスをはじめるためには,どのような事業計画を立てればよいのでしょうか?

　新規事業を立ち上げる際は,その事業を実施することが,自治体が掲げている政策理念をどのように実現するものであるのか,行政効果がどのくらいあるのか等について,財政担当課に説明できなくてはなりません。

　下記の例を参考に,各自治体の財政規模や地域特性に見合った計画を立ててみましょう。

【A図書館の新規事業計画(素案)】
〈A市の概要〉
・外国人登録者数　約1,000人(全人口の1%)
[国籍別内訳]
中国400,ブラジル300,英米200,韓国・朝鮮80,その他20

・A図書館全蔵書数　200,000冊（うち，外国語資料50）
 (1)　新規事業名：外国語図書の貸出（5か年事業計画）
 (2)　計画目標：外国語図書を全蔵書数の1％にする（2,000冊）
 (3)　現況（事業量）：合計50冊（英語図書のみ50）
 (4)　今後の必要事業量：合計1,950冊及び書架5台
　　［言語別内訳］
　　中国語800，ポルトガル語600，英語350，ハングル160，その他の言語40
 (5)　年度別計画：1年度350冊，2年度以降は年間400冊
 (6)　事業目的
　　　外国語資料を充実することによって，市民が外国語を学ぶための情報提供と同時に，生きた外国文化を吸収するための手立てとする。また，地域で暮らす外国籍の人々の学習権を確保するとともに，母語による書籍に接することによって，安らぎと潤いのある市民生活を保障する。
 (7)　事業内容
　　　中国，ブラジルの人が外国籍住民の7割を占めているので，これらの言語の一般書を中心に収集するが，その他の言語資料も視野に入れながら蔵書構成を行う。
 (8)　新規事業費：1年度　　　　；年1,386,450円
　　　　　　　　　2年度以降；年1,529,800円
　　［事業費内容と積算内訳］
　　・購入：1年度；年735,000円（@2,100×350冊）
　　　　　　2年度以降；年840,000円（@2,100×400冊）
　　・整備委託料：1年度；年268,450円（@767×350冊）

　　　　　　2年度以降；年306,800円（@767 × 400冊）
　・書架の購入：各年度；年383,000円（@383,000 × 1台）
(9) 新規所要人員：専任職員の配置が困難であるため，日本語一般図書の担当職員が外国語図書も兼務する。

注
1) 「付録4」（p.187）『図書館と在住外国人』に1994年3月までの文献リスト収録。これに次ぐものとして，「付録3」（p.180～）に「多文化サービス実践報告リスト」を収録した。

3章 はじめてみよう

横浜市中図書館の外国語図書コーナー

　本章は，サービスを実際に行っていく上での問題点や疑問点を，主としてQ&Aの形でまとめました。おおむね図書館サービスの流れに沿った順番となっています。また，実際のサービスのイメージをつかみやすくするために，写真を多く掲載しています。

　ここで解決しなかった疑問については，1章や2章にも立ち返って，多文化サービスの「考え方」から，その疑問をとらえなおしてみてください。

3.1 カウンターで―外国人利用者との接し方―

　「あっまずい，こっちにこないといいな」。外国人利用者の

姿をみたとたん，つい心の中でそんなことを思い，緊張が走り，流暢な日本語で尋ねられてホッとするというのはよくあることでしょう。そんなあなたの緊張感をなごませるためのコツを少し述べてみましょう。

まず，「心」です。あなたが笑顔で「何か探していますか」と語りかけることです。

それから，「おうかがいします」とか「こちらへおいで下さい」などの敬語は，日本語の初心者にはかえってわかりにくい言葉です。ゆっくりと相手が理解できるわかりやすい日本

> チョット
> ひとやすみ

コラム

「か」ではじまることばは難しい

　私が勤務する国際交流基金関西国際センター図書館の主な利用者は外国人です。利用者が図書館のカウンターに初めて来たときは，ほぼすべての利用者は緊張しています。日本語が流暢な人でも同じように緊張の表情が見えます。利用者から見ると私たち日本人司書は外国人なのです。彼らも言葉が通じるかな？　はじめに何を話せばいいかな？　と思っていることでしょう。

　カウンターの中から笑顔で「こんにちは」と言うと，たちまち双方の緊張関係がほぐれます。すると利用者から，何をしたいか言葉が出てきます。その後はカウンターを出て利用者を書架に案内したり，本や雑誌を紹介したり，OPACを説明したりと彼らの求めに応じてサービスをします。図書館では日本語を使います。英語は万国の共通語ではないことは，多様な国籍の利用者と接してわかりました。日本語学習初期の利用者を除いて，利用者には日本語でゆっくりと話すように努めています。

　さて，図書館でよく使われる日本語は何でしょうか。それは「借り

語で話しかけ，利用者の要求をなんとか引き出す会話を心がけましょう。

　一般的な利用者サービスの鉄則でもありますが,「ない」といわないこと。「できない」といわないこと。どうにかして,要求に近いものを手渡して,リピーターになってもらう努力をしたいものです。だんだん慣れてくれば，利用者の要求もはっきりみえてくるでしょう。

　聞き上手は利用者サービスの基本です。

ます」「返します」です。どちらも「か」で始まるのでやっかいです。外国人利用者は「か」ではじまる日本語と覚えているので,カウンターで「かえ……」と言ったまま次の言葉を探していることがしばしばあります。この場合,借りるのか返すのか,次の行動を待ちます。借りる場合も多いのです。
　「本,帰ります」と元気に言う利用者がいたり,「本,かえらなければならない,まだ読みません」と言う利用者に「延長できますよ」と言って「延長」という新しい言葉の意味を覚えてもらいます。
　使用頻度の高い「借ります」「返します」の二つの言葉の使い方は本当に難しいようで,ハードユーザーでも帰国直前まで言い間違えることがあります。
　利用者が「か」ではじまる言葉をカウンターで使うとき,利用者の状況から類推するようになりました。そして落ち着いて話せるように,急がせないようにカウンター前の椅子にかけてもらって話すこともあります。
　ある日「本,か……」と言ってカウンターに本を持って来た利用者に,「借りますか？　返しますか？」と尋ねると「いいえ」と答えました。もう一度聞き返すと「この本,買います」と言いました。これも「か」ではじまる言葉でした。「買います」もよく使われる言葉です。自国に買って帰りたい本を図書館で見つけたのでした。

3.2 収集―すぐにできるものから―

Q. どういう方針で外国語資料を集めたらよいのでしょう?

「多文化サービス」では、何よりもまず「今ここにいる在住外国人」のニーズに添った資料、次に同じ地域の日本人の外国(人)認識の幅を広げる資料を収集することとなります。漠然と「国際感覚を養う」資料は、それ自体意義はありますが、「多文化サービス」での収集対象とは異なります。

もっとも「今ここにいる在住外国人」のニーズをつかむのはそれほど容易なことではありません。出身国の事情によって違いますが、これまで図書館を利用した体験のない人も多くいます(日本人だってそうですが)。そうした人に「図書館への要望」を尋ねても明確な反応がない場合が多いでしょう。

日本でのこれまでの多文化サービスの例からは、以下のような資料が求められているといえます。

・在住外国人が日本語や日本の文化を学ぶための資料(日本語初心者向けや外国語併記の資料)
・地域の生活情報(該当の言語か簡単な日本語で書かれた資料)
・仕事や生活上必要な知識・医療情報(例えば異国で暮らす新婚夫婦にとっての出産の知識や、単身者でも医学・医療情報などは母語で書かれたものが求められます)
・出身国に関する文化的・歴史的な情報や出身国の最新情勢
・子どもが母語を保持し、あるいは帰国した時に備えるための児童書や出身国の学校教科書
・母語で書かれた小説。娯楽小説も、単なる娯楽目的とい

うことだけではありません。異国で「外国語」を使って暮らす人にとって母語で書かれたものを読むことは、癒しやリラックス効果をもつものであり、人としての生活上必要不可欠な要素です。

これらを参考にしながら、できるだけ直接地域の在住外国人のニーズを探りながら、方針を策定していってはどうでしょう。

多文化サービスとは、単に「外国語図書を揃える」サービスではありません。地域住民としての外国籍住民の暮らしの役に立つ資料を、彼らの母語で書かれた資料で揃えるサービスであるということを「収集方針」に明文化し、図書館の内外にそれを確認しながら進めることが大切です。

Q. 外国語資料を揃えようと思ってもどこから手をつけたらよいかわかりません。どのようにしたらいいでしょうか?

出版流通事情は国によって異なりますが、日本の取次のような全国的な配本システムや、英米のような書評システムが整っている国の方がむしろ例外であり、出版情報や購入ルートの確保は頭の痛い問題です。

アメリカやEU諸国そして韓国・中国などは、書評紙誌や内外のインターネット書店の整備が進んでいるので、出版情報の確認は比較的容易になってきています。もっとも小規模な多文化コーナーを維持するためにだけ、高価な外国の書評紙誌を定期購読するわけにはいきませんし、上記以外の国については、出版情報の入手それ自体がきわめて困難な状態です。

初めてコーナーを開設する段階では、県立図書館や先に多文化サービスを開始している図書館などに蔵書のアドバイス

を求めたり，書評紙誌の閲覧などを請うことも考えてみましょう。

　また，特定の国については専門書店があり，特定の国のエスニック・レストランや食料品を主とした物産店が，雑誌・新聞・図書・ビデオなどを提供しているので，資料の収集についてのアドバイスを受けることができるでしょう。

　書評紙誌などの提供が望めない国については，こうした国別／言語別専門書店・物産店に，予算を伝えて「小説○冊，料理○冊，子育て○冊……」などの発注方法もやむを得ない場合が多々あります。ただ，このような方法をとった場合，発注時に想定していない高度な専門書などをすすめられることもあります。それを防ぐためには，事前に発注意図を明確に伝えるとともに，納品時にも十分にチェックして，「丸投げ」にならないように努力することが大切です。

　言語がわからない場合でも，装丁や図版の入り方など，日本の図書と同じ感覚で内容の硬軟を判断できるケースもありますので，慣れてくれば，それほど神経質にならずに判断できるようになることでしょう。

　利用者となる地域の在住外国人にアドバイスを求めるのも，有効かつ必要な取り組みといえます。

Q. 新聞・雑誌や視聴覚資料はどのようにそろえたらよいですか？

　新聞・雑誌は大変重要です。外国の多文化サービスの実践例でも，「まずそろえるのは新聞・雑誌」と報告されています。自分が外国に住んでいるとして，日本の日刊紙が，たとえ1週間遅れでも，定期的に入ってくる図書館には，足を運びた

くなるのではないでしょうか。

　出身国のカレントな情報という点では、新聞・雑誌の方が求められますし、実は図書館側としても本よりも受入・整理の手間は省けます。また出身国のビデオ・CDなども受け入れの要望が多い資料です。

　外国語の新聞について知るには、むすびめの会編『多文化社会図書館サービスのための世界の新聞ガイド：アジア・アフリカ・中南米・環太平洋を知るには』(日本図書館協会, 1995)が役立ちます(インターネット上での外国語新聞サイト等については、3.8参照)。

　海外の新聞は費用がかさんだり、受入が不安定である場合もあります。そんな場合、せめて日本で出版されている、在住外国人のためのエスニック・メディアの購入を検討してみてください。

相模原市立橋本図書館の新聞コーナー　外国語新聞15紙をそろえている

3.3 整理―難しく考えないで―

Q. 外国語の本を整理するなんて、いったい何をどうすればよいのか……。言葉やら分類やら……頭の中が真っ白になります。

まず肩の力を抜いて，頭を切り換えましょう。

あなたの図書館でつくろうとしている（あるいはできてしまった）外国語図書のコレクションの一つの言語あたりの総冊数は何冊ですか？　おそらく数十冊から数百冊ではないでしょうか？

では，次に立場を変えてこう考えてみませんか？

もし日本人の図書館員であるあなたが，外国に住むことになって，その町の公立図書館に未整理でおいてある数十冊から数百冊の日本語図書の整理を依頼されたら，目録の記述精度や分類の精度を決める方針をどうするでしょうか。

利用度や作業の継続性を考えると，仮に分類に日本十進分類法（NDC）を使うとしても，数十冊のコレクションを整理する場合に，請求記号としてコンマ以下の展開は不要で，1桁でも十分でしょう。目録の記述も，簡単なブックリスト程度の内容で事足りると思いませんか？

「外国語の本だから難しい」と身構える前に，まずコレクションの総ボリュームを考えてみましょう。もちろん今後の増加に対する想定も必要でしょうが，それを織りこんでも数千冊以上の外国語図書のコレクションをそろえるまでには至らないケースが多いのではないでしょうか。このように，全体の冊数から必要な目録記述や分類の展開の方針が決まってくるのです。

また将来的には,外部の書誌データベースとの連携も考えられます。同定のためにISBNも入力しておけば役に立つことでしょう。精度の高いデータが必要になるのは蔵書冊数が増えた将来のことです。完璧な書誌データを求めるのではなくて,「必要十分」なデータ精度で現在の自館の蔵書を確実に提供していくことを,まず考えていきましょう。

Q. 言葉がわからないのに目録なんてとれるわけないじゃないですか。

　それはちょっと早計ではありませんか？

　「言葉や文字がわからないから,目録がとれない」と思いこむ前に,目の前に外国語図書を1冊おいて,深呼吸を一つして心を落ち着けてから,表紙だけでいいですからよく見てみましょう。

　本の表紙に書かれている文字情報の種類は,どんな言語の本でも変わりません。「書名」「著者(責任表示)」「出版社」の3つです。本の内容や著者についての説明・宣伝文句が入っている場合もありますが,基本的に,この3つは必ず書かれています。そして,たいてい一番大きな文字で書かれているのが書名です。著者については著述役割を示す語が大体ついていますが,その種類は限られていますから,ある程度のサンプルを比べれば大体把握できますし,逆にそれがついている文字列は責任表示だとわかります。また出版社は,表紙でも背表紙でも大体一番下に書かれています。

　このように,日本語の図書の目録をとれる人なら,目の前の外国語図書で使われているその文字や言葉を知らなくても,「パターン認識」の発想で,どれが書名でどれが著者名・出版

社名なのかを類推することは可能です。

あとは,その言語・文字を少しだけ勉強して,文字に慣れて辞書が引ける程度になれば,外国語図書の目録作業もそれほど恐れることではありません。「外国語? 私はダメッ!!」という思いこみから,さあ半歩踏み出してみましょう。

Q. でも実際に,コンピュータにタイ語は入力できないし,目録を記述・入力するだけでも大変です。

たしかにこれは頭の痛い問題です。現在のコンピュータでは,単一の言語を処理するだけなら,ほとんどの言語(文字)を扱うことができます。しかし多言語並列処理,つまり一つの書誌データベースで複数の言語を同時に扱うことは,技術的な制約やコスト面での制約があり現実的ではありません。

今,図書館のどのようなコンピュータ・システムでも,書誌登録と会計処理(支払い処理)を同じシステムの中で連動させて処理するようにしていますから,書誌データがうまく入力できないと会計処理もできないということになりかねません。この事態を回避するためには,書誌データの処理と会計処理を分離する必要があります。しかし,この場合でも,両者を連動させるキーを埋め込んでおく必要があります。

例えば,通常のシステムの書名の項目に「タイ語図書 001」と日本語で入力し,支払い金額なども入力すれば,とりあえず会計処理システムでの処理は可能になります。

次に,書誌データを別のシステムで登録します。方法としては,「手書きカード目録を作成すること」「台帳記入方式にすること(「台帳」は旧来の手書きのほかに,エクセルなどのファイル形式での作成が考えられます)」,そのほか,次に紹

介する「表紙コピー方式」も一つの有効な手段です。

Q. なんらかの目録を作成するのなら、やはり言葉の問題が負担です。

やや「裏技」的な方法ですが、図書館員が外国語の記述をまったくしなくても、外国語図書の目録ができてしまう方法があります。それは、「表紙コピー方式」とでもいうべきものですが、比較的簡単なので、現在多文化サービスを実施している図書館でも多く採用されている方法です。

手順は、
1) 表紙のコピーをとる
2) そのコピーをクリアファイルに綴じる
というだけのきわめて簡単な方法です。

しかし、この二つの作業の間に、もう一つ忘れてはならない作業があります。それは、
3)「現物」「書誌データベース」「会計処理システム上のデータ」の3つを結びつけるための（同定するための）「キー」を、コピー上に記しておくことです。

同定する「キー」としては、前に掲げた例で示すと、通常のシステムの書名の項目に「タイ語図書　００１」と入力した場合、その図書のコピーにも「タイ語図書　００１」と記入しておくというものです。このように、言語ごとに受入順連番を打って図書と表紙コピーにそれを表示し、表紙コピーもその連番順に配列する方法等が実際に行われています。

この方法の問題点は、受入冊数が増えていくと、探しにくくなるという点です。その意味で、これは受入冊数がそれほど多くないときだけに有効な方法だといえますが、一つの言

語の図書が数百冊程度の蔵書規模では十分実用に耐えるものです。検索性に難はありますが，蔵書冊数が数百冊までの場合，「○○語のあの本はあるか」と利用者に聞かれても，ヒットすることはほとんどないといってよいでしょう。このため，「この図書館にある○○語図書の一覧が見たい」という要望の方が圧倒的に多くなるのが実態といえます。

表紙コピー方式の例（滋賀県栗東市立図書館）

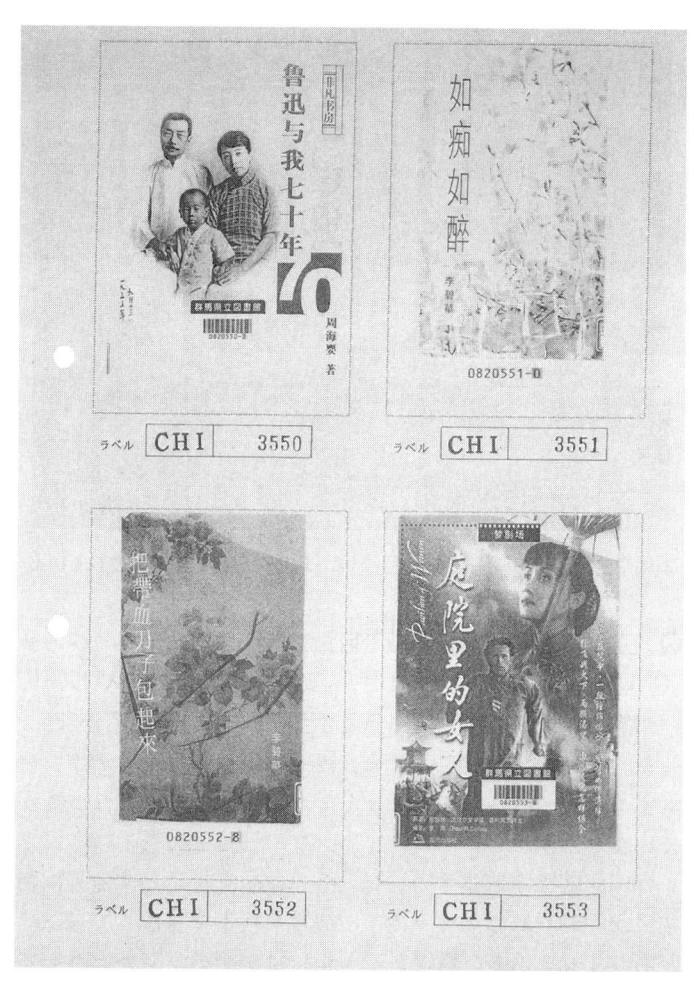

表紙コピー方式の例（群馬県立図書館）

群馬県立図書館の「表紙コピー目録」は、県内の図書館に配布されている

Q. 日本語に訳したタイトルで目録をとれば、コンピュータの多言語処理など関係ありません。納入業者からの納入リストに翻訳タイトルを書いてもらえば目録も簡単に入力できます。

たしかにそうですね。でも、誰がその目録を使うのか、検索するのか、という点ではなんだかおかしなことになってしまいませんか？

外国語図書を収集するのは、その言語を母語とする外国籍住民が読むためなのですから、彼らが検索できなくては意味がありません。また翻訳タイトルには翻訳のブレがどうしても出てきます。例えば、サリンジャーの *The Catcher in the Rye* に、『ライ麦畑でつかまえて』や『キャッチャー・イン・ザ・ライ』という2種類の翻訳タイトルがあることからもわ

かるように，翻訳タイトルは検索キーとしてはかなり不安定です。入力はできても，誰からも使われないシステムになってしまうのは考えものです。

　目録の記述言語は，越えるべきハードルはたくさんあっても，図書の本文言語と同じにするのが原則だと言えるでしょう。そうした方が，結果として「使える」システムとなり，コストも安くなることになります。

Q. でも，やっぱり言葉の問題は心が重いです。

　ほんとうにそうですね。同感です。

　でも図書館の現在のスタッフだけで悩むのではなくて，同じ自治体の国際交流を担当するセクションと協力したり，地域の外国籍住民のグループと接触をし，言語の面で協力してもらう状況を作っていってはどうでしょうか。

　多文化サービスに限らず，サービス対象者の方々の声に耳を傾けることは大切なことです。とくに，多文化サービスについては，利用者のニーズの把握も不十分なところから出発することが多いので，むしろ積極的にニーズを聞き取ることが必要です。またそうした働きかけによって，逆に協力してもらえる関係も生まれてくるかもしれません。そうすれば，めざす多文化サービスは，さらに豊かなものになっていくことでしょう。

3.4 排架―わかりやすく―

Q. 集めた資料をどのように並べたらよいでしょうか?

　せっかく集めた資料でも、利用者の目につきにくい並べ方ではあまり使われません。大量の日本語の資料の中に混排しては利用者がほしい本を見つけることは難しくなります。少ない量でもまず、コーナーにすることが大切です。

　そのコーナーもできれば図書館の隅の隅のような場所でなく、図書館の中でも、目立つ場所を確保したいものです。そうでなくとも、言葉があまり自由に使えない外国人利用者は、カウンターでいろいろ尋ねることは苦手なので、たまたま図書館に入ってきても、グルッと一回りして「ああ、ここにはほしいものはなさそうだな」と感じて出て行ってしまうかもしれません。そのためには職員に、わざわざ聞かなくとも、すぐに見つけられるところにコーナーを置くことが大事です。

栗東市立図書館の「多文化コーナー」　目立つところに位置している

コーナーには，集めた外国語資料だけでなく，余裕があれば「生活ハンドブック」の類や，その国のことが書かれている資料，日本語の学習書・教授法など，関連の言語資料などもここにも並べられれば，日本人のその地域を学びたい人も使うでしょうし，そこから利用者同士のネットワークも生まれてくるかもしれません。

　以前の図書館では，国際交流でいただいた大事な資料だからと，ガラスケースに入れて，直接手に取ってみることができない形も見受けられました。どんな資料でも，図書館に受け入れるときには，図書館が主体的に運用することを第一条件とすること，内容としては，利用者が直接使うことを前提にした受け入れ体制を整えることが必要です。

Q. 外国語図書を集めたコーナーを作ったのですが，名称をどうしようか迷っています。

　日本では，西洋の資料を長年「洋書」と読んできました。世界各国のいろいろな文字の本が入ってくるようになった現在では，「洋書」では，どこの地域の本を指すのかあいまいになってきたため，「外国語図書」というのが一般的になっています。

　コーナーの名称としては，「外国語コーナー」「国際コーナー」「多文化コーナー」などいろいろなつけ方があるようです。いずれにせよ，外国人利用者が，その場所をみつけやすい名前にする必要があります。

　以前，その本の出版地を国旗で分類しているところもみかけました。それぞれの事情で「国」を去ってきた難民の心情を考えるとき，識別の符号としての国旗は，あまりおすすめ

できません。日本にいると，宗教や民族的な対立にも鈍感になりがちですが，十分な配慮が必要です。排列のしかたとしては，言語別に並べた上で，その中をジャンル別に分けたらどうでしょうか？　こうして図書館に作られたそのコーナーが，利用者同士の交流の場となり，「広場」の機能を果たすことになるかもしれません。

3.5 児童サービス―子どもがやってきた！―

Q. どのような空間をつくればよいのでしょうか?

子どもたちにとって，図書館は身近な遊び場であり，友だち同士で憩えるサロンでもあります。どの子どもにとっても楽しくなる空間をつくるように心がけましょう。大阪府八尾市立図書館で小学生を対象に行ったアンケート調査（2002年4月実施）によると，「友だちといっしょに図書館に来た」と回答した子どもは全体の39.9％を占め，平日だけでみると56.9％という結果が出ています。当然，その中には，外国人の子どもたちが含まれています。日ごろからフロアワークを心がけ，子どもたちの様子をうかがっていると，容姿の上で日本人の子どもたちと区別がつかなくても，大人の利用者のように必ずしも「見えない」お客様というわけではありません。

子どもへのサービスすべてに言えることですが，一番大切なのはフロアワークです。フロアで気をつけなければいけないことは，子どもたちがどんなふうに利用しているのかを知ることです。子どもたちとの対話の中から，どの子どもにとっても居心地のよい安心できる場になるように気を配りた

いものです。

　小さなささやき声にも耳を傾け，普段からあいさつや声かけをするように心がけていれば，子どもたちの方からいろんなメッセージを投げかけてくれますし，そこから子どもたちの日常生活の一端が見えてきます。とはいっても，管理するのではありません。いつもかたわらにいて見守っていてくれる，安心できる大人として接するのです。

　また，「調べ学習」などで，学校のクラスに新たにやって来た友だちの国の文化や生活について，子どもたちが調べに来ることがあります。自分の図書館の周辺に，どんな国の子どもたちがいるのか，日ごろから知っておくと，いざという時の役に立ちます。その子どもたちの母語で書かれた本などが提供できるとよいのですが，本がないときには，大使館などからパンフレット類を取り寄せてみるのも一つの方法です。

立川市中央図書館の絵本コーナー　児童書の案内も多言語で

Q. 外国人の子どもたちと，どのように接すればよいのでしょうか?

ひとりひとり顔が違うように，子どもたちもさまざまです。わたしたちにとっては，毎日出会う何百人かのひとりかもしれませんが，たったひとりの大切な人間なのです。先入観をもたず，ありのままを受け入れましょう。「この子はこんな子だから，このように接しましょう」というようなノウハウなんかありません。人と接し，人の心を開く仕事には，カウンターでの接遇マニュアルは通用しないのです。

日本語がおぼつかない子どもにも，図書館という空間を楽しめるように，自然な態度で接するように心がけましょう。また，その場にその子の言葉がわかる人がいれば積極的に通訳を頼んでみるのもよいでしょう。このようにして少しずつ図書館という場に親しみ，自分の居場所を見つけることができるような橋渡しをしましょう。図書館によく来るようになった子どもたちに，「ここにいてもいいんだ」「ここはわたしの居場所なんだ」と，感じてもらえるようにすることが重要なのです。

Q.「総合的な学習」の時間で国際交流をとりあげたいのですが……。

小学校のカリキュラムに，「総合的な学習」の時間が設定されたことから，市町村の図書館では，調べ学習用の資料を求めて，子どもたちが大挙して押し寄せてくる風景が，日常的に見られるようになりました。在住外国人の子どもが多い学校では，総合的な学習のテーマに国際交流を取り上げるところが多いようですが，実際には，その国や地域のほんのわず

かな一面をとらえた資料ぐらいしか提供できていません。

　例えば,「外国の食べ物について調べたい」と問い合わせがあっても,深く食文化にまで言及している図書はあまりありません。カラーページでわかりやすいものでも,知識を伝えているだけで,その文化の背景にまで記述が及ぶものはほとんどないのが現状です。一つ一つの写真から台所の匂いが伝わってくる『アジアの台所探検』(大村次郎写真・文,福音館書店「たくさんのふしぎ」2002年12月号)のような資料が,もっと出版されてほしいものです。

　同じように「総合的な学習の時間」でよく問い合わせのある「環境」や「福祉」などのテーマと異なり,「各国の事情」などは,体験できることも限られており,本当に自分たちとは違った文化を理解することができるのか,他者を認める寛容さにつなげることができるようになるのか,難しい問題を抱えています。求められた資料を提供するとともに,現場の教師とも話し合いながら工夫を重ねていく必要があります。

Q. 外国人の若い母親に図書館ができることはありますか?

　住み慣れない土地に住む小さな子どもを抱えた母親たちは,地域社会の中で孤立しがちです。言葉の通じない国にいる在住外国人の場合は,日本人の母親以上に,子育てに関する情報,病院・保健所などの生活情報,それに,地域に子連れで行ける公共施設があるかどうかなどの情報が不足しがちです。新しい土地で子どもを育てていく過程で,悩みや不安を抱え,それが深刻なケースに発展する場合もたくさんあります。子どもたちは学齢期になると,学校生活の中でどんどん言葉を習得していきますが,大人は知り合いができないまま,地域

社会になかなか馴染めず，子どもが通訳代わりになっていることもあります。

そうした母親が地域にいる場合は，おはなし会など，親子で気兼ねなく参加できるプログラムを用意するなど，進んで足を運んでもらえるような図書館づくりを心がけましょう。図書館の資料や情報を提供するだけでなく，地域にある支援団体を紹介するなど，図書館とは，利用者同士がもっているいろいろな情報交換ができる広場でもあることを知ってもらいましょう。

また，小さな子どものための日本語学習資料を求められるケースも増えています。この場合，無理に日本語学習用の資料を探さなくても，市販の知育絵本などで代用できるものがいくつかあります。選書の段階で，これらの資料を入れるように心がけておくと，いざという時に役に立ちます。

また，急速に日本語に親しんでいく子どもたちに対して，親たちには，自分たちの母語や伝統文化を伝えておきたい，という切実な思いがあります。このニーズに応えて，母語や出身国の文化を伝えるための資料も，意識的にそろえたいものです。

3.6 広報・掲示―もっと売り込もう―

Q. 有効な広報のしかたを教えてください。

図書館サービスや多文化サービスの進んだ国では，外国人登録窓口に図書館の案内をおいて，あなたが困ったときには，ここに行けばあなたの母語資料があり，いろいろな手助けをしてくれると案内してくれます。まず，行政内部のいろいろ

な部署と連携を取り,「暮らしの便利帳」や広報誌などに図書館サービスの原稿を寄せてみましょう。その中には,多文化サービスについても必ず触れたいものです。また,役所や図書館のホームページへの多言語表記も働きかけていきたいものです。

　もう一つ大事なことは,地域に出ていくことです。地域の「エスニック・メディア」に図書館案内の記事を書いてもらったり,地域の日本語学校に図書館案内や新着図書案内をおいてもらうなど,いろいろ工夫してみてください。

Q. 掲示を作るとき,注意することはありますか？

　館内のサイン計画としては,多言語の案内作成,外国語版利用案内・パンフレットの作成があります。このとき一番大切なのは,利用者が使っている言語で書くということです。

　また,これは日本語図書と同様ですが,とくに冊数の相対的な数量の少ないコレクションは,新鮮さがとても大事なため,新刊書について,カバーのコピーを貼り出して案内するなどの方法も有効でしょう。

立川市中央図書館の外国語資料コーナー
できれば,コーナーの案内も多言語で行いたい。ここでは,日本語も含めて四言語で説明されている

For new users

New users have to register with the Library to borrow materials. Please complete a "Registration form" at the Circulation desk on the 2nd floor. Upon the receipt of the form, "User's Card" is issued.
- Registration requires the presentation of any of the following:identification card, mail addressing to the applicant at present address, etc.
- The "User's Card" may be used at any of city libraries located in Tachikawa.
- For further information, please ask the staff.

처음으로 자료를 빌릴 경우

처음으로 자료를 빌릴 때는 등록이 필요합니다.
"이용자 등록 신청서"에 기입한 후 2F 메인 카운터에 신청해 주십시오. 그곳에서 "도서관 자료 이용 카드"를 발행합니다.
- 신청할 때 일본에서의 주소를 확인할 수 있는것(신분 증명서 또는 현주소로 온 우편물 등)을 가지고 오십시오.
- "도서관 자료 이용 카드"는 시내의 모든 시립 도서관에서 사용할 수 있습니다.
- 모르실 점은 도서관 직원에게 물어 주십시오.

初次借书时

初次借书时，必须登记。
填好"利用者登记申请书"后，请交给二楼的中心柜台。
在那儿发给您"利用者卡"。
- 办手续时请携带能确认住址的证件(如身分证、邮往现住所的信等)。
- "利用者卡"在市内所有市立图书馆都可使用。
- 有不明白的地方，请询问图书馆的工作人员。

立川市中央図書館　三言語利用案内（部分）

横浜市中図書館外国語資料の新着図書案内
（カバーのコピーが貼り出してある）

3章 はじめてみよう………67

3.7 集会・行事・日本語学習支援―理解を深めよう―

Q. 多文化サービスで考えられる行事はどんなものがありますか?

あなたの図書館でも,おはなし会や読書会・展示会・講演会・文化講座など,日ごろいろいろな集会・行事を実践していることでしょう。「多文化サービス」といっても特別な気負いはいりません。まず,よく利用される外国人利用者の文化を紹介する展示会や日本の文化を学ぶ講座などを開いてみたらいかがでしょう。そうした行事に参加した外国人利用者が,今度は出身国の文化や音楽などの発表会を行ったりして,お互いの文化の理解を深める活動に発展した話も聞きます。

最近,学校の「異文化理解講座」などを実践している先生方の話もよく聞きます。あなたの地域でこうした活動をしている方々が,図書館との接点を模索しているところかもしれません。

そのほか,エスニック・コミュニティの人たちが,みんなで集まりたいのだけれど場所がないという話もよく聞きます。図書館を会場として貸したり,他の適当な会場を紹介したりするなど,彼らの活動の相談にのることも大切です。こうした交流の中から,各種行事を行う講師にふさわしい人を紹介してもらえるかもしれません。

ただ,外国人一般を対象としたとき,宗教的なことなどには一定の配慮が必要です。日本では商業的に行事としてやってしまうクリスマス会は,キリスト教信者の聖なる日です。無意識のうちに冒瀆していたり,他の宗教を無視してしまったり,などというような結果にならないように,十分に調査

した上で，いろいろな行事を計画しましょう。

Q. カウンターで，日本語があまりできないので，教えてくれるところはないかと聞かれたのですが。どうすればよいでしょうか？

日本に住む外国人利用者の声を集めてみると，日本語を学ぶ場がほしいとの声がとても多いようです。あなたの地域に日本語学習支援のボランティア組織はありませんか。日本語学習支援のボランティア組織が会場を探しているのだけれど，図書館の会議室がなかなか借りられないという話もよく聞きます。地域に開かれた図書館として柔軟な対応が求められるところです。

蔵書として，日本語の学習書を揃えること，学習の場をコーディネートすることなどは，多文化サービスを意識した図書館では，当然求められる活動です。

3.8 インターネット端末で―地域と世界をむすぼう―

現在，日本の公立図書館でも利用者が誰でも使える「インターネット端末」を設置するところが増えてきています。インターネットは，文字通り世界をむすぶネットワークなので，在住外国人への情報提供の大変有効な手段となります。

在住外国人はハードや通信環境の面などから，自宅でのインターネット接続は自由に行えない場合が多いようです。ネットワークの普及とともに問題になっている「デジタル・デバイド」の解消という側面でも，公立図書館でインターネットが使えることは，有効な手段となります。

インターネット端末を外国人に有効に利用してもらうためには，ブラウザで多言語入力ができるように設定しておく必要があります。この設定のしかたについては，むすびめの会のホームページ (http://www.musubime.net/) から，「トップ」→「図書館で多文化サービスをおこなうために」→「インターネット環境の多言語化に関する一考察：これであなたの図書館のインターネット端末も多言語対応！」に，解説があります。参考にしてみてください。

Q. 外国のメディアへの手がかりを教えてください。

　インターネットに接続されたパソコン端末があれば，図書館にある図書や新聞・雑誌のほかに，世界の新聞・雑誌等の情報を得ることができます。図書館のリンクページに外国語新聞のサイトを加えてみましょう。外国語新聞のURLを知る一つの手がかりとして，実践女子大学図書館サイト内の「図書・雑誌探索ページ (http://www.jissen.ac.jp/library/frame/)」があります。このサイトは，タイトルどおり，新聞のほかに各国の図書，雑誌の探索にも有用です[1]。

　また，他の利用者に邪魔にならずに音声も聞ける環境が整っているなら，各国のインターネット放送にリンクをはるのもよいでしょう。この場合，「世界のインターネット放送ガイド (http://www.webcastpilot.com/japan/)」などが手がかりとなります。

Q. 外国人が日本で生活するのに必要な情報を得るには，どうすればよいでしょう？

　インターネットを使って，日本語や日本文化を学ぶための

郵 便 は が き

104-0033

お手数ですが切手をお貼り下さい

中央区新川1－11－14

社団法人
日 本 図 書 館 協 会

　　　　　　　出版委員会行

ふりがな ご芳名	20代 50代 30代 60代 40代 70以上 男　女
（〒　　　　） ご住所	
日本図書館協会の会員ですか（○でかこんで下さい） 　　はい（会員歴　　年）・いいえ	
お勤め先 (学生の方は学校名)	

ご意見をお寄せ下さった方には小会の出版案内をお送りいたします

感想等は『図書館雑誌』に掲載して（よい・困る）

多文化サービス入門

JLA200431

愛読者カード

本書を読んでのご感想・ご意見をおきかせ下さい。

今後の出版希望、日本図書館協会に対する要望などありましたらお知らせ下さい。

あなたの研究テーマ、興味ある分野をお知らせ下さい。

資料や生活情報を得ることができます。

その例をいくつかあげてみます。

例えば,「多言語生活情報　全国版」(制作：地域国際化協会連絡協議会,(財)自治体国際化協会　http://www.clair.or.jp/tagengo/)のウェブサイトでは,一般編,医療編,住宅編,多言語対応相談窓口という構成で,生活に役に立つ情報を提供しています。

内容的には,家の探し方,電気等ライフラインのこと,ごみの出し方,医者のかかり方,教育,外国人登録などが,簡潔に取り上げられています。使用言語は,日本語(わかりやすい日本語)・英語・中国語・韓国／朝鮮語・ポルトガル語・スペイン語・ドイツ語・フランス語・ヴェトナム語・タイ語・インドネシア語・タガログ語・ロシア語です。

「多言語生活情報」（http://www.clair.or.jp/tagengo/)

また，一つの言語だけのウェブサイトの例としては，「日中交流支援サイトWorldBond.net」（制作：ボーダレスヒューマンセンター　http://www.worldbond.net/）があります。この中にも，在日外国人支援情報が載っています。

「日中交流支援サイトWorldBond.net」（http://www.worldbond.net/）

　このほか，各地域の国際交流団体や各県弁護士会のウェブサイトなどにも，役に立ついろいろな情報が載っています。

3.9 図書館間協力―あるところから借りよう―

Q. あまり資料がなくて，困っています。どうすればよいでしょう？

　いま，少ない予算や蔵書を有効に活用する，自治体間の「協力」活動が盛んです。あなたの図書館でもいろいろなところと連携していることでしょう。「うちの県立図書館はあてに

ならない」という話もよく聞きますが,地域に密着した自治体の図書館から,県立図書館や国立図書館にそうした利用者の声を伝え,政策を作っていくよう働きかけることも大切です。

　こうした連携により,外国語の図書や雑誌の所蔵情報を集め,協力貸出を受けるなど,自治体間の協力で蔵書が少ない点を補うことができるかもしれません。また,どの図書館がどれだけもっているかを知るための目録作りなども,県立や国立の呼びかけで行われるときがあります。積極的に協力しましょう。

　自分の図書館に入った新着図書のリストや雑誌のリストを作って他館に配ることなどにより,外国語資料をもっているところとの新たなネットワークが広がるかもしれません。

Q. 利用者が求める資料が,大学図書館にあることがわかったのですが,借りることができるでしょうか?

　いま,地域開放をしている大学図書館も増えてきました。該当の図書館が地域開放していないか調べてみましょう。開放はしていなくても,学生の利用に支障がない範囲で,学外者も利用させてくれる図書館も増えています。そこにしかない資料だったら,図書館が紹介して,大学図書館を使わせてもらえるように,積極的にあたってみてください。絶対だめという大学は少なくなっていますし,2004年度から,国立大学の法人化により国立大学図書館における閲覧利用の門戸が広くなっています。

大阪市立中央図書館は返却ポストも四言語表示です

注
1) 「付録4」p.188 参照

4章 これにむけて

ビデオ『新しい文化の創造をめざして：望まれる多文化サービス』
(紀伊國屋書店，1998)

　この章では，日本の図書館の多文化サービスのいっそうの進展をめざして，職員の採用，外国籍住民とのパートナーシップ，図書館学教育など，今後解決していかなければならない問題点について述べていきます。

4.1 職員の採用について―外国籍職員の採用を―

　外国の多文化サービスにおいては，マイノリティ出身の職

員を採用することが非常に重要視されています。その理由をいくつかあげると，1) 当該言語・文化に関する知識・技能，2) 母国とのつながり，3) マイノリティ・コミュニティとの連携，4) マイノリティ・コミュニティへの PR などが考えられます。つまり，マイノリティ出身の職員を雇用することが，多文化サービスを推進するにあたっての一番の近道だと考えられるからです。

＜外国人の公務員就任権＞

日本の公立図書館での職員採用の際，問題となってくるのは，公務員の「国籍条項」です。最近まで，この国籍条項に関しては，1)「公務員に関する当然の法理として，公権力の行使又は国家意思形成への参画にたずさわる公務員となるためには日本国籍を必要とする」といういわゆる「当然の法理」と，2) それと同じ考えに立つ自治省（今の総務省）の「強い指導」が，外国籍職員の採用を妨げる原理になっていました（現行法上で外国人が地方公務員になるのをさまたげる明文の規定は存在していません）。

長い間の在日韓国・朝鮮人を中心とする粘り強い運動の結果，1980年代後半には，自治省の意向も，専門的・技術的な職種については，「公の意思」の形成に参画するものではないので，一律に国籍条項を設けるのは適当ではないと，変わってきました。そして，都道府県および政令指定都市における「公権力の行使にたずさわるものに関しては」国籍条項は撤廃できない，というように微妙に見解を変えてきています。その後1996年に川崎市が消防職を除く全職種で国籍条項を撤廃すると，国はこの方式を追認し，1996年11月22日，白川勝

彦自治大臣（当時）の談話として，「基本的には当該地方公共団体で適切に御判断いただくべきことと考えます」と，述べるに至りました。その後，高知県，神奈川県，大阪市など国籍条項を撤廃する自治体が続出することになります。

＜司書と国籍条項＞

司書に関しては，1992年の自治労の調査で，都道府県のうち10県，政令指定都市では，大阪，横浜等4市が，「司書」採用に国籍要件を必要としないと明示しています。1996年の自治省の見解以前に，「司書職」は，専門的・技術的な職種として，国籍条項を適用しない自治体がいくつも存在していたということです。

しかし，日本図書館協会の1998年の公立図書館に対する調査「多文化サービス実態調査1998」によれば，「正規職員に外国人が採用可」としているのは，わずか21.5％に過ぎません。これまで述べたように，司書の採用に国籍条項を設定している根拠は，現行法にも，現在の総務省の見解にもないにもかかわらず，各地方公共団体が，それぞれの意思で「国籍条項」を設定しているということになります。

参考までに，他の職種においての判例をあげておきます。管理職選考試験の受験資格への訴えに対する1997年11月26日の東京高裁の判決は，下記のように述べています。

「憲法が，そのすべての公務員について，外国人がこれに就任することを一切認めていないと解するのは相当でなく」，「我が国に在住する外国人の就任することのできる職種が存在するものというべきであり，この我が国に在住する外国人に対しても，これへの就任について，憲法第22条第1項，第14

条第1項の各規定の保障が及ぶものというべきである」(2004年8月現在最高裁で係争中です)。なお、憲法第22条第1項とは、「居住、移転、職業選択の自由」を、第14条第1項とは「法の下の平等」を規定したものです。

これまでの多くの日本の図書館では、公立図書館員→地方公務員→国籍条項により外国人に受験資格がない、という図式が、無意識であれ前提になってしまっており、結果としてサービス主体としての外国人を排除してきている構図があるのではないでしょうか。今後、それぞれの図書館で、自分たちの自治体では、外国人は図書館員になれるだろうか、なれないならば、その理由をどのように説明しているだろうか、ということを、これまでの経過に対する真摯な反省とともに、検討していく姿勢が必要です。

4.2 外国籍住民は大切なパートナー

「文字や数字を読めない」「どんな内容が書かれているのかわからない」ことは、選書を担当する図書館員にとって最も頭が痛いことの一つです。たとえ、その言語の辞典が手元にあっても、初めてその言語に触れる場合、辞典の引き方・使い方を理解し、慣れるまでに時間がかかることも確かです。

そんなときは、自治体で発行している外国語版広報や、エスニック・メディアなどを利用して、図書館に協力してくれる人を募集してはいかがでしょうか。

地域は「貴重な人材の宝庫」であり、さまざまな能力を持った人が多く住んでいます。無理のない範囲であれば、地域のために何か役に立つことをしてみたい、と考えている人が見

つかるかもしれません。

　図書館からの呼びかけに応えてくれた人に対して，外国語の新刊書リストや書店からの見計らい本を見せて，読みたい本を選んでもらってもよいでしょう。その本を読んだ感想を聞くことは，選書の際にとても役立ちます。

　図書館に集まってきた人同士で，「そんな本はつまらないから，税金で買わなくてもいいよ」「もしこの本を購入するならば，今から予約したい」「家族や友人にも（新刊リストを見せて）意見を聞きたい」などと，嬉しそうにおしゃべりしている場面を，実際に見たことがあります。利用者の声を聞くことは，試行錯誤しながら多文化サービスを行っている図書館員にとって，大きな励みとなり，サービスを持続・発展させる原動力になります。

　ある図書館に寄せられた投稿を紹介しましょう。

● 『図書館の魅力』（中国出身・蒋さん）
　最近，区役所の紹介で中央図書館を訪ねました。2階の一角には，外国語書籍の書架があり，いろいろな本が並んでいます。長い時間足を止め，自分が好きな本のページをめくっていきました。

　中国で最近よく読まれている小説もあり，異国で自分の国の本を読めるのは，しばし異郷にいる孤独と寂しさを忘れることができます。読みたい本がなかったので，試しにリクエストしたところ，中国語書店から約2週間で取り寄せてくれました。

　図書館で本を渡されるときに，「このほかにどんな本が読みたいですか」「図書館にあれば役立つ本は何ですか」ということを聞かれました。「みなさんの希望を聞いて，できるだけニーズに沿った本を図

書館に置きたいのです」との説明に，私は嬉しくなりました。

　まだ一度も図書館へ足を運んだことのない友人が多いのですが，図書館の魅力を教えてあげようと思います。

● 『感動したこと』（韓国出身・高さん）

　私がたまに行く区立図書館には，韓国語の本がある。
　2か月前のことである。
　韓国の新刊が入っていて，それを見ていた。そのとき，私が韓国人かどうかを確認する事務員がいた。その事務員に頼まれて，韓国語の短い文章を書いてあげた。
　それから1週間後，1通の手紙が私に届いた。手紙と2枚の写真が入っていた。手紙の内容は，掲示文を作ってくれて，お客様方に喜ばれているということについてのお礼だった。写真は，私が書いた掲示文を撮ったものだった。
　私にはほんとうに簡単なことだったのに，お礼の手紙をもらって感動した。
　留学生活は楽しいことだけではない。苦しいとき，この感動の手紙を思い浮かべると，元気が出ると思う。

4.3 図書館学教育で多文化サービスを

　これまでの図書館学教育では，日本の多文化サービスが「新しい」サービスであるため，あまり触れられることもなく，テキストでも多文化サービスについての記述は少ないという状況が，長らく続いてきました。しかし，多文化サービスの実践の広がりとともに，最近は，このサービスが授業で取り入れられるようになってきています。

1996年の図書館法施行規則の一部改正に際しての文部省（当時）の通知では，「図書館サービス論」の中で「［内容］(2)利用者理解と利用対象別サービス（多文化サービスを含む）」とされ，以降のテキストはこの内容を含むものとなってきています。また，2001年に文部科学省から出された「公立図書館の設置及び運営上の望ましい基準」で，成人，児童・青少年，高齢者，障害者とともに外国人が利用者の5つのカテゴリーの一つとして示されてからは，図書館学の他の科目でも多文化サービスが言及されるようになってきています。

　例えば，阪田蓉子編『情報サービス論』（新編　図書館学教育資料集成　教育資料出版会，1998）では，そのうちの「広義の『情報サービス』」の一つとして，1章が「多文化サービス」の題名のもとに書かれています。

　また，赤星隆子［ほか］編『児童図書館サービス論』（新図書館情報学シリーズ　理想社，1998）では，「今後の児童図書館サービスの課題」の一つとして，「日本語を母国語としない子どもへのサービス」が織りこまれています。

　さらに，日本図書館協会企画・監修のビデオ，「図書館の達人」シリーズの一つとして刊行された『新しい文化の創造をめざして：望まれる多文化サービス』（紀伊國屋書店，1998）は，多くの大学の授業で利用されています。

　実際に，図書館学の教育現場でも，学生が多文化サービスに興味を持ち，レポートや卒論などで，この題材を取り上げる例も多いと聞きます。中には，図書館の授業で「多文化」という言葉を初めて聞き，国際社会学，国際政治学などの多文化主義等について勉強をすすめていったという学生の話や，地域の在住外国人支援のボランティア活動をはじめたという

話もあります。

　図書館学教育の場で，多文化サービスがきちんと取り上げられるには，サービスの実践と研究が，これからさらに進んでいく必要性があるでしょう。そして，授業を行う教員が，多文化サービスに対してもっと関心をもち，認識を深めていく必要があります。

　IFLAにおける障害者サービスの活動の中から，日本でのこのサービスの概念普及に大きな役割を果たした河村宏は，『多文化コミュニティ：図書館サービスのためのガイドライン（初版）』について，「『ガイドライン』が示す手ごたえ十分な課題に挑戦することは，日本の図書館員にとって最も魅力的な仕事の一つとなるだろう」と述べています。多文化サービスとは，異なることをよいこととし，それによってもたらされる発見を喜び，真の意味で豊かな共生社会を築いていこうとする，「多文化主義」をその根本思想にもつサービスです。

　未来の図書館員を育てるこれからの図書館学教育の場で，図書館員になろうとする若い人たちに対して，多文化サービスについての知識と理解を深めさせる教育が，ぜひ必要です。

第 Ⅱ 部

多文化サービスのいま

●本編では、多文化サービスの実践例を紹介します。まず、中小公立図書館の立場から、群馬県大泉町立図書館と広島県福山市図書館の報告を、次に大規模館の例として、福岡市総合図書館から事例報告をいただきました。

●さらに、外国に在住しているお二人から、特別寄稿をいただきました。一人は、ブラジル人の目から見た日本の公立図書館の多文化サービスについて、もう一人は、カナダのトロント市立図書館での実践例です。

1 大泉町立図書館のポルトガル語コーナー
─群馬県大泉町の実践から

糸井　昌信（大泉町立図書館長）

　大泉町立図書館は1989年7月に開館した単独館で，建物面積は2,052 m²，2003年3月現在で蔵書数138,116点，年間貸出冊数272,559点の図書館です。ホームページのURLは，http://www.library.oizumi.gunma.jp/ です。

(1) 大泉町の概要

　大泉町は，関東平野の北の端，群馬県の東南に位置し，首都東京から約80kmの所にあります。西は太田市，南は利根川をはさみ，埼玉県妻沼町，熊谷市へと通じています。面積は17.93km²で，県内69市町村（2003年4月現在）の中で2番目に小さい町です。逆に人口は約43,000人で，11の市に次ぎ，58町村の中ではトップとなっています。戦時中はこの地域に，中島飛行機製作所の工場があり，軍需産業の町として栄えました。戦後，その跡地に米軍が駐留しましたが，昭和30年代前半にすべて返還され，返還後はそこに家電関係や自動車産業が進出し，基幹産業となっています。

　大泉町は1957（昭和32）年，小泉町と大川村が合併して誕生しました。現在，大泉町の年間工業製造品出荷額は8,100億円（2001年）で，市町村別では，隣の太田市に次いで県内第2位，栃木，茨城を含めた北関東3県でも，太田市は第1位，大泉町は第5位にランクされていて，この地域は県内でも有数の工業地域となっています。

大泉町立図書館ポルトガル語コーナー

(2) 中小企業の人手不足と外国人の増加

　大泉町の人口は，2003年8月末日現在で42,714人。そのうち外国人登録者数は6,413人で，総人口に占める外国人登録者数の割合は約15％と高く，言うなれば7人に1人が外国人ということになります。この15％という割合は，市町村別では全国一と言われています。国籍別では，ブラジル4,937人，ペルー760人をはじめとした南米諸国で登録者の90％を占めています。

　ブラジルをはじめとした外国人が増加した理由を述べますと，1990（平成2）年6月に「入管法」が改正になり，日系人に日本での活動に制限がない在留資格が与えられるように

なったからです。1990年当時，この地域の求人倍率は約4倍と高い状況にありました。とくに，中小企業には「きけん」「きたない」「きつい」の3Kイメージが根強く，働き手がいないために倒産してしまうという，「労務倒産」という言葉が聞かれるほど，人手不足に苦悩していました。

そうした中，中小企業はこの「入管法」の改正により，日系人に日本での活動に制限がない「定住者」という在留資格が与えられることに着目し，1989年12月，中小企業約40社で団体を結成して，日系ブラジル人の直接雇用に向けて準備をはじめました。その後外国人の雇用形態は，企業内請負会社が大部分を占めるようになりますが，働く場所あるいは仕事の情報が集まることと，アパート等住む場所があるということで，外国人が増加してきました。

(3) 町行政の対応

外国人が増加した場合に予想される行政への影響や，それにどう対処するかということについて話し合うために，税務，福祉，保健，教育等の担当職員による会議を開催しました。その会議の中で，言葉の壁という問題が大きく取り上げられました。

・ポルトガル語に対応する職員の配置

1990年の秋に，ポルトガル語・スペイン語に対応する職員を募集して，1991年4月，ブラジル・サンパウロ市出身の女性を，翻訳・通訳・相談業務に就くために配置しました。その後，9月には外国人登録事務の窓口にも，ポルトガル語に対応した職員を配置し，事務の円滑化を図りました。

・配布資料，行政文書等による情報の提供

ポルトガル語に対応する職員が配置され，ポルトガル語を併記した行政のPR用冊子『くらしの便利帳』が完成しました。外国人登録からはじまり，税，健康保険，教育，公共施設，ゴミ，災害，生活相談等，幅広い内容となっています。
　また，外国人との共生を目指すときには，「情報の共有」ということが重要であると思います。まず，毎月発行される『広報おおいずみ』に，1991（平成3）年6月号から「ワンポイント　ポルトガル語レッスン」を掲載し，文化等を紹介しました。一方，外国人向けでは，1992年3月からポルトガル語版の広報『GARAPA（ガラッパ）』を毎月作成しています。その他の施策として，地域の役員と話し合いのために「地区別三者懇談会推進事業」を行い，情報提供としてはコミュニティFMラジオ局「FM太郎」やポルトガル語やスペイン語の新聞，テレビでの情報を提供しています。

(4) 小中学校の対応
・日本語学級の設置
　外国人の増加と同時に，町内の小中学校に外国籍児童が増加して，日本語が理解できない児童・生徒も増え，対応が難しくなってきました。そこで1990年10月，とくに外国籍児童の増加が著しい町内の3つの小学校に「日本語学級」が設置されました。これは取り出し式の適応教室（もともと属しているクラスから生徒を取り出して，日本語を集中的に教える特別クラスに入れる方式の授業）で，ポルトガル語またはスペイン語を使える日本語指導助手（町単独事業）と日本語学級担当の教員とで，日本語指導や学習指導を行うものです。それぞれ個人の日本語の上達に応じて，本来のクラスへ徐々

に返していきます。

　1992年度までに、町内の小学校4校、中学校3校、計7校すべての学校に日本語学級が設置されました。2003年5月1日現在、小中学校の外国籍児童生徒数は289人、日本語学級入級者は121人となっています。

　一般的に言われていますが、小学校3年生くらいを境にして、それよりも年齢が下か上かによって、日本語の習得速度に差があるようです。現在学校では、日本語の習得と同時に、学力支援へと変化しつつあります。ある中学校の数学の先生が、「ある項目について、教えてもあまり理解していないようだ。ブラジルではどのように教えているのだろう」と、図書館にきて、図書館に置いてある、ブラジルの学習参考書を利用したら成果が上がったと、感謝されたこともあります。

(5) 図書館では

　外国人の増加と、これまでの行政の対応に触れてきました

大泉町立図書館の館内表示「VEJA（ブラジルの雑誌）、インターナショナル・プレス（ポルトガル語の新聞）があります」

が，公共施設を利用する外国人が次第に増え，同時に図書館利用者も増加してきました。

①国際ライブラリーコーナーの開設

コーナーの開設には，ブラジル人児童の増加ということがあります。昼間は町内の小中学校に通い，放課後になると，母語を学習するための塾へ行きます。子どもたちは，日本語は速いスピードで覚えていきますが，逆に母語から離れていきます。そうしたことを心配した日系ブラジル人から1999年12月，町の図書館にポルトガル語の本を置いてほしいという要望が出ました。そして，その人が中心となって書籍の収集が始まり，2000年6月，図書館2階に1,305点でコーナーがスタートしました。資料の収集は，ブラジルの出版関係者からの寄贈が主ですが，輸入業者からの購入，群馬県立図書館等からの寄贈もあります。現在は約2,800点で，そのうちポルトガル語は2,400点となっています。分類別では，ユーモア・サスペンス・小説が約1,000点で最も多く，児童書・絵本，経営・ビジネス・自己啓発，語学・参考書，伝記・自伝・ドキュメンタリー等と続きます。さらに，2001年12月からは，図書館のホームページにポルトガル語が登場し，インターネットでの検索もできるようになり，利用者からは，母国で人気の作家の本や，話題となっている本のリクエストが寄せられます。

②多くの外国人ボランティアに支えられて

書誌データのアルファベット入力は，隣の太田市にあるブラジル人学校の生徒がボランティアで行ってくれました。「引越をするので，本を持ってきた」と，寄贈本を持参する外国人も増えています。そうした本の内容等は，図書館を利用

する外国人に職員が尋ねるなど，大変な面もありますが，利用者とのコミュニケーションを図るということで，微笑ましく感じています。また，地元の外国語のミニコミ誌で，PRしたら，入力等のボランティアを申し出て来る人が何人かいました。

③多文化社会での図書館の展開

「共生社会」とは「普通」にすることと，ある日系人が言っていましたが，この意味は，日常生活すべての事象で，バリアーをなくし，皆でいっしょに生活することだと思います。「普通」に利用していただくために，図書館では，基本的なことではありますが，利用案内を多言語で作成したり，必要に応じて館内表示の多言語化を進めています。また，ブックスタートにも，絵本にローマ字の説明を加えたり，アンケート用紙もポルトガル語を用意しています。

しかし，資料を多言語化しても，外国人の利用者と対面で接するとき，言葉が理解できず困ってしまうこともあり，国際交流協会等の通訳に，電話の受話器を通して，利用者の探している資料を聞き出したこともあります。この夏休みには，町内在住のブラジル人の専門学校生がアルバイトに来ましたが，レファレンス等で利用者との意思の疎通が図られ，大変助かりました。

外国人利用者の増加は，広報やマスコミを利用してのPRの成果もありますが，定期的に利用している外国人が，友人に図書館を紹介する，つまり，「口（くち）コミ」での広がりも見逃せません。また中学校，高校のALT[1]も利用者カードを作成に訪れます。外国人に図書館利用の理由を聞きますと，母語の本や雑誌だけではなく，日本で生活するための力（言

葉や習慣）を身につけるための，日本の歌のCDや映画のビデオの利用，または個人的な趣味，例えば旅行や英会話の本と，多岐にわたっています。

　2003年度事業の中に，多文化交流として「アメリカン　カルチャー　コース」と題して，「アメリカの歴史」とクリスマスにちなみ「アメリカの子どもの遊び」を，すべて英語で行う講座を実施し，大変好評でした。もちろん，参加者の国籍等は一切問いませんでした。その他，通常開催している「読み聞かせ講座」等の事業にも，中国人やブラジル人の女性が参加しています。そうした参加者が，ボランティアとして母語の絵本の読み聞かせなどを行ってくれることを期待しています。

　一方，町教育委員会が，外国人児童の不就学対策として始めた「多言語サロン」があります。これは，児童，成人を問わず，英語，ポルトガル語，日本語を学習したい人が自由に参加できるものですが，教材資料や機材がそろっている図書館で，毎週土曜日に開かれることになりました。情報の宝庫としての図書館は，人種や国境を越えて，人が交わる交流の場所になりつつあります。

　多文化社会を迎え，地域の特性を活かした利用者の顔が見える図書館として，ますます期待が大きくなっていますし，可能性も広がっていると思います。

注
1) ALT: Assistant Language Teacher。以前はAET（Assistant English Teacher）として，「英語指導助手」をこのように呼んでいました。学校で，教員の補助をしているネイティブ・スピーカーです。

2 在住中国人への図書館サービス―広島県福山市の実践

明石　浩（福山市北部図書館）

(1) 福山市北部図書館での中国語図書サービス概略

　福山市図書館では，1996年の「広島アジア大会の応援」がきっかけで，中央館である福山市民図書館で，中国語と韓国・朝鮮語で書かれた絵本の貸出をすることから多文化サービスがはじまった。現在は3館ある分館も含めて，なんらかの外国語図書・新聞のサービスを行っている。どの館もコレクションは小さいが，全館での言語メニューは，英語，中国語（漢語），韓国・朝鮮語，ポルトガル語，タガログ語の5言語である。私の働く福山市北部図書館は，蔵書冊数約8万冊の分館で，多文化サービスとしては，中国語，英語，タガログ語のメニューをもっている。

　福山市北部図書館の中国人へのサービスは，福山市北部地域が繊維産業の町であることから，研修生として働く中国人の方が多く住んでいることもあって，1998年10月から中国語で書かれた図書287冊と中国語の新聞1タイトルではじめた小さなサービスである。2004年1月末の統計では，福山市の人口は約40万8千人。外国人登録者数の国籍別内訳は，約1,100人の韓国・朝鮮籍の数を超えて，中国籍が約1,400人で最多となっている。

　この小さな多文化サービスをしながら学んだこと，そして，個人的な図書館をはなれての体験からも，図書館の多文化サービスをすすめるためには，ある程度の外国語学習も必要

であるということも述べていきたい。

(2) 中国語学習と中国人との出会いで学んだ「筆談」

　私は，将来的に中国語が公立図書館で必要になるという予測をしていたので，1997年から地元の福山市日中友好協会の中国語講座に参加して学習をはじめた。それは，中国人と中国語を知るための重要なステップとなった。古書店の主人をしていた，今は亡き当時の協会長は，中国語講座を申し込む私に，「やる気があるならば，このクラスに入りなさい」と，いきなり私を上級クラスに入れてしまった。そこで出会った先生は13歳の時に中国に置き去りにされたという経験をもつ中国からの帰国者の方で，学習をやめたいと思っても，やめさせてくれないよい先生だった。さらに，ここでは，中国語だけでなく，中国人との国際交流をも学ぶことになった。中国人の皆さんといっしょに水餃子をつくるパーティーや，ボウリング大会を企画しているうちに，多くの中国人の友人ができた。彼らのおかげで中国語の実力はメキメキとついていった。

　彼らからは，言葉（発音）や思想だけでなくて「筆談」というコミュニケーション方法も学んだ。日本語がまったくできない，まだ来日して間もないという人は，日本人との交流の場に小さなノートとペンを持ってくる。それは日本人と筆談をするためで，けっこうこれでかなりの意思が通じ合える。これは，他の外国人では考えられないことである。そこから私は，図書館での窓口で聴覚障害者の方と意思疎通をはかるときは，すぐに筆談をする習慣を身につけた。それまでは，聴覚障害者の方との窓口対応は手話が必要と思っていて消極的

だったが，今ではすぐに紙と鉛筆をにぎって積極的に筆談をしている。聴覚障害者の方の多くは，かなり筆談に慣れているように感じる。

(3) 全国で急増する在住中国人

　法務省入国管理局の2002年末の統計によると，外国人登録者の総数は，約185万1千人で，国籍別では，主なところとして韓国・朝鮮籍が約62万5千人（33.8％），中国籍約42万4千人（22.9％）ブラジル籍約26万8千人（14.5％），フィリピン籍約16万9千人（9.1％），ペルー籍約5万1千人（2.8％）となっている。とくに中国籍は2000年以降，前年比10％を超えて増加している。東京をはじめとする都市部でも地方でもこの傾向は続いているようで，例えば，外国人登録者総数中，中国籍が50％を超える県が，徳島県（55.1％），愛媛県（51.9％），秋田県（50.1％）の3県ある。

　日本での生活歴の長い韓国・朝鮮籍の方の多くが，日本語を生活言語としていることを考えると，日本における日本語以外を母語とするグループの中での中国人の存在は最大となる。このことから，実用的運営という考えにおいては，日本における図書館の多文化サービスとしては，中国語のメディアによるサービスは大きな比重があると言えよう。

(4) 分館での中国語サービス開始

　1998年，北部図書館での中国語図書の貸出開始時の簡単な利用案内は，私の中国語の先生に，ボランティアで書いてもらった。コレクションは，香港のものと台湾のものを中心とした。また，中国語メディア（新聞）から，中国人の友人と

相談しながら選書を行ったので，小規模ではあるが，かなり自信をもってスタートを切ることができた。

その後，図書館での窓口業務を通して，また新たな中国人の方との出会いができた。彼らは，図書館のよき協力者として，図書館主催の水餃子を作るイベントに参加し，労働組合のお祭りでは図書館分会としての中国料理屋台をボランティアで助けてくれた。彼らは，日本の大学を卒業しているビジネスマンや，先に日本で生活基盤をつくった家族のもとへ来たという中国帰国者の家族の人，国際結婚をして日本に来た人，研修生として企業に働く人たちなどさまざまである。時々，新しい仕事をはじめたとかの報告をしに来てくれる方がいるのが嬉しい。そして，今では日本人の利用者と同じように，中国語の新聞（聯合週報）をじっくり読むなどの滞在型で利用している中国人も多い。

このように，小さな分館での経験から，中規模の都市の中央館であれば，ある程度のコレクションをもつことによって，中国人へのサービスは必ず成立するし，しなければならないと確信している。

(5) 国際交流イベントを図書館で織り交ぜる

ここで，中国人の方にお世話になっている最近の事例を紹介する。ことの始まりは，やはり中国語図書の貸出からである。たまたま，図書館の近所に住む小川昌夫さん（中国名：欧術昌）は中国帰国者で，妻といっしょに，20年前に日本に来て生活をはじめた。鉄工所勤めが定年になり，自分のための何かを探しているとき，北部図書館が中国語の図書を貸し出すというのを聞いて，初めて図書館を訪れた。そこにあっ

た中国語の本と新聞も，彼にとっては魅力であったが，それ以上に彼を惹きつけたのは，幼いころから好きだった水彩画の本であった。それを見つけて彼は毎日，絵を書くことにした。

　私は，そのことに気がつき「一度，絵を見せてね」と気軽に言ったところ，彼はすぐに絵をもってきて見せてくれた。その絵から私は，日本人の感性でなく，中国人の感性としか言いようのない異文化を感じた。そこで，「今度，図書館で展示をしてみないですか」とお願いし，2001年の秋，「小川昌夫・中国水彩画展」を開催した。そのときは，中国帰国者の家族の方が書いた絵画展ということもあって，マスコミ各社が報道してくれた。マスコミの取材時では，日本語が完璧でない小川さんを助けるために，娘さんが来て通訳をしてくれた。そこで，聞こえてきたのは，香港映画で聞いたことのある言葉だった。「それは，もしかして広東語ですか」と聞くと「そうだ」との答え。小川さんは広東省広州市の出身だったのだ。そこで，小川さんを講師にして，図書館で「広東語を学んで香港へ行こう」という短期集中広東語講座を開講した。

　2003年秋にも絵画展と広東語講座を開き，さらに，小川さんを講師に「中国・水彩画教室」も行った。現在，北部図書館では，小川さんを講師に，広東語の少人数の自主サークルが活動している。講座もサークルもすべて，小川さんのボランティアで成り立っていて，参加はもちろん無料である。ここでは，講師も生徒も生涯学習と国際交流の場として楽しんでいる。

　これまで，中国文化だけでなく，インドネシアのジャワの踊りやペルー料理，タイ宮廷音楽などの国際交流イベントを，

地域に住むさまざまな外国人を招いて行ってきたが,そこで感じたのは,日本が国際化してきたとは言っても,在住外国人社会と日本人社会は住み分けられていて,一般的な生活の中では国際化はすすんでいないために,そうした国際交流イベントは日本人にも在住外国人にも求められているということだった。

(6) 多文化サービスに外国語学習は必要か?

　このような自分の経験から,図書館での多文化サービスをすすめるにあたって,外国語を学ぶ必要があるかどうかという質問があれば,私は外国語を学ぶ姿勢,あるいは学びたいという姿勢なしに,この仕事を前にすすめることは困難と答えたい。

　本や雑誌をコレクションとして図書館に揃えるだけならば,外国語の学習は必要ないかもしれないが,それを利用していただくためには,ある程度の外国語の学習が必要だと思う。ある程度というのは「心が通い合うことのできる程度」という意味である。やはり,最低限はあいさつである。あいさつから,その外国人利用者の文化背景を知ろうとしているかどうかという,図書館（図書館員）の姿勢が読み取れるからである。もし,あなたが仕事をしている図書館に外国人の利用者を受け入れたいと考えるならば,日本語や英語でなく,その人の母語であいさつができることが,図書館が彼らに受け入れられるかどうかということの重要な分岐点となると思う。

故郷・中国を水墨画に

― 帰国者の会の小川さん ―

福山市北部図書館で展示 黄山や万里の長城

中国・広州出身で「中国帰国者の会」(石井襄明会長)会員の福山市駅家町中島、小川昌夫さん(60)の「中国・山水画展」が、同市駅家町近田の市北部図書館で二十八日まで開かれている。

小川さんは、帰国した妻らとともに約二十年前に来日。十三年前には日本国籍を取得した。日中のさらなる交流を深めようと展示会を開いた。

会場には、小川さんが二年間描きためた二十七点のうち十時から山水画八点を展示。郵便局員として働いていた当時を思い起こし、記憶に残っている風景を水墨画で表現。中国の画家なら必ず描くという黄山(安徽省)や万里の長城も描かれ、長い歴史と雄大な大地の風景が堪能できる。

小川さんは「この絵を見て、中国に行きたいと思ってくれるといいな」と話していた。同図書館では、小川さんが講師で二十五日午後二時と二十七日午前十時から山水画教室を開く。問い合わせは同図書館(084-9-76-4822)。

絵を見て故郷を懐かしむ小川さん(左)と石井会長

山陽新聞 2003年9月25日記事より

(7) 多文化センスが磨かれると図書館の哲学がわかってくる

　たくさんの外国語を学ぶことはできないが，なにか一つの言語を学習していると多文化センスが磨かれてきて，他のケースでも応用がきくようになる。

　しかし，外国語の学習が苦手であるという人は，一度は外国を旅行して言葉や通貨や習慣の違いを経験することや，外国料理を食べることで，さまざまな食文化があることを知るなどの方法で，多文化なセンスを磨くことをお勧めしたい。これは多文化サービスのために役立つだけでなく，本来，図書館の利用者は，多様な要求をもっていて，その多様性を保障するのが図書館であるという，図書館の哲学の訓練になるはずだからだ。だから，すべての図書館員はこの訓練をした方がよいと思う。この訓練は誰でもできるし，楽しいものだと強調したい。

　福山市北部図書館では，タガログ語を理解する職員はいないが，もう一つの多文化サービスとして，在住フィリピン人向けに，タガログ語図書の貸出をしている。そこで，私はとりあえず，フィリピン料理を食べる機会を常に探している。

　もし，この事例報告が楽しいものに感じるとしたら，ぜひ多文化サービスに取り組んでほしい。せっかく図書館というさまざまな可能性を秘めた職場にいるのだから，可能性を大きく膨らますことに挑戦してみてはいかがだろうか。

3 アジアの資料を中心として―福岡市総合図書館の国際資料コーナー

池田園子，竹広節子（福岡市総合図書館）

――"カウンターに座っていて，むこうから外国人がみえるとつい緊張してしまうものです。でも，図書館まで足を運んで来られる方というのは，大体がゆっくり話せば日本語がカタコトでも通じる方が多いのです。ですから，あまり堅くならずに「何かお探しですか」と，笑顔で声をかけてみましょう，意外に通じるものですよ。"

　私たちの勤める福岡市総合図書館は，1996年6月に，前身の福岡市民図書館から資料を受け継いで開館しました。国際資料コーナーには，いろいろな方がみえます。そのやりとりの一端を，まずご紹介します。

(1) カウンターからみえること
Q「エジプトの大学に進学したい，英語で書かれた大学案内はありますか？」

　今は日本に滞在して勉強しているけれど，将来どこか他の大学に留学したいという方は多いようです。留学前に学校についてよく調べたいという気持ちからか，外国人，日本人の両方から多い質問です。資料としては，*The World of Learning, International Handbook of Universities*などを案内しています。中国の大学については『中国高等院校指南』が役に立っています。

Q「外国に旅行したいのですが，地図や旅行案内はありますか？」

　旅行に行きたい気持ちは皆同じ，とくに日本に住む方はアジア地域などへ行かれる方が多いようです。行き先の場所を確認するには英語の地図帳 *The Times Atlas of the World* が便利です。この地図はABC順の索引に中国語のピンインもあるので，地名を探すことができるのです。また英語の旅行ガイドブックは最も利用が多いものの一つです。

Q「"武士道"という日本の伝統を英語で説明したいのですが，困っています！」

　留学生をホームステイさせているご家族の方が，日本の民俗，習慣，料理などを外国語で説明したいのですが，と尋ねて来られます。外国の方からの思いがけない質問に困ったということです。日本を紹介している本は，英語のみでなく，中国語・韓国語でも出されているので多数揃え，参考にしていただいています。

　日本事情に関しては，語学学校で教えている外国人教師の方が，日本特有のことについて授業でディスカッションするためのテーマ探しに来られるケースもよくあります。以前，「パチンコ」について書かれたものはないか，という質問がありました。アジアにしかないパチンコですが，詳しく書かれた資料は少なく苦労しました。

Q「揚子江について書かれた英語の本ある？」

　図書館の近くにあるインターナショナル・スクールの子どもたちからの質問です。たくさんの10代の子どもたちが学校の後，図書館を訪れます。「アリゲーター（ワニ）って何を食べているの？」とか突拍子もない質問も飛び出します。彼ら

は百科事典程度では満足してくれないので，*Eyewitness*（百科事典を項目別にもう少し詳しくしたもの）を見てもらったり，揚子江については国連寄託図書館の水質・環境関連資料を見てもらったりして，その都度こちらも汗をかきつつ勉強しています。

Q「中国の朝鮮族の教育について知りたいのですが」

　中国人の方からの質問です。中国の中でも少数民族である朝鮮族の出身である方が，そこでの教育について論文を書いているので資料がほしいということでした。関連する日本語の専門書とともに，『中国朝鮮族の教育文化史』や中国語の資料『教育大辞典』『吉林教育画册』などを提供しました。論文の助けになるような専門書はどこまで収集したらよいのか迷うところです。

Q「チマチョゴリの作り方を知りたいのですが」

　韓国の方にはハレの日やパーティーに，チマチョゴリをご自分で作って着たいという方がおられるので，こういう質問もよく受けます。韓国語の本で服の作り方が載っているものがあるので，利用していただいています。

Q「先祖，金海金氏の始祖は誰か？」

　韓国人の方で年配の方から多い質問は，やはり先祖や姓名に関するものです。『韓国姓氏宝鑑』が最もよく使われる資料です。また，出身地を探す時は地図資料が欠かせません。

Q「現ソウル市の市長名と来歴が知りたい」

　外国の年鑑類を揃えておくと，新しい情報に関しては非常に便利です。こういった質問には図書館で毎年買っている『連合年鑑』に紳士録が付いており，調べることができます。

　韓国に関することではそのほか，ワールドカップの時期に

「韓国のサッカーチーム名を知りたい」といった質問もありました。

　外国の方には，旅行あるいは仕事で来日されたついでに図書館に寄られ，資料を求めて来られる方も多くおられます。「ダチョウを飼育したい，沖縄には牧場があるようですが，飼育方法を説明している資料はないですか？」「鹿児島の桜島を見てきました，日本のボルケーノは素晴らしい！是非なにか専門的な資料を持って帰りたい」——いずれもアメリカから来られた方からの質問です。ダチョウについては当時あまりよい資料がなく苦戦，火山関連は当館の資料と併せて近隣の大学図書館にある資料をご紹介しました。彼らに共通することは，まずは図書館で情報収集しようという姿勢です。私たちもそれに精一杯応えられるよう努力していきたいと思っています。

(2) 福岡市総合図書館「国際資料コーナー」の概要

　開設以来7年余り，現在の資料数は，雑誌110誌，新聞36紙，図書24,600冊で，外国語資料カウンターを設置し，そこでレファレンスも受け付けています。

①資料の収集対象国と冊数

　福岡市の2003年9月現在の外国人数は約17,000人。そのうち韓国・朝鮮籍の人が約6,500人，中国籍の人が約6,100人，以下フィリピン，アメリカ，イギリス，インドネシアと続いています。ちなみに福岡市の総人口は約137万8千人ですから，外国人は約1.3％にあたります。国際コーナーでは，基本的には，在福領事館のある国（中国・韓国・アメリカ）政

府関係機関のある国（タイ・フランス），また，在住福岡外国人と留学生の多い国を中心に資料を収集し，2003年4月現在，79か国・地域の資料を収集しています。

②**資料の排架**

当館では，出版された国別に資料を排架しています。そのメリットは，その国の情報がそこに集約されるという点にあります。例えば，シンガポールの場合，一つの国で中国語，マレー語，英語などの多言語が使われており，それらを集めて1か所に置くことで，その地域の情報は得やすくなります。しかしデメリットとしては，アメリカ，イギリスと分けているため，同じ作家の作品が分かれてしまい，利用者に不便な点もあります。

③**利用状況**

言語別に統計をとっていますが，一番利用されているのが，中国語，次に英語，続いてハングル，フランス語，イタリア語となっています。その中では，文学などの読み物が一番よく借りられています。また，日本人研究者の利用も増えています。

(3) 館内のその他コーナーにある外国語資料

・アジア・太平洋地域の22か国・5地域の教科書を424冊収集しています。
・友好・姉妹都市との交換図書－福岡市は7都市と友好・姉妹都市関係を結び，資料の交換をしています。こちらからも，福岡市を知ってもらう郷土・行政資料を中心に，文学資料などを加えて贈っています。
・そのほか，こども図書館では世界の絵本，映像資料部門で

はアジアのフィルムなどを収集しており，また，国際資料コーナーに隣接したところに九州国連寄託図書館があります。

(4) サービスしてみてわかること─担当者へのインタビューから

Q これまでいくつかの図書館を見てきましたが，国際資料コーナーにこれだけ中国語やハングルの資料が豊富に揃っている図書館はあまり見たことがありません。それだけ利用が多い，ということですね？

"そうですね，図書館に来る利用者を見て，改めてこんなにたくさんの外国人の方々がいらしたのだなぁというのが正直な気持ちです。アジアの方は顔からではわかりにくいのですが，やはり大勢利用してくださっています。福岡に定住する中国残留孤児の帰国者の方，そのご家族の方も多く来館し，みなさんビニールの袋にいっぱい本を入れて借りていきます。このように外国人の利用が飛躍的に伸びたことで，外国人の利用者は自分たちで声を上げることは少ないけれど，潜在的にたくさんいるのだということを教えられました。"

Q 現地語の新聞をとっていて，利用者の反応がよかったとのことですが，具体的には？

"アラビア語の新聞をとっているのですが，それをご覧になったある利用者が喜び，感激して新聞に口づけしたところを見ました。こちらもその姿をみてとても嬉しく感じました。また，インドネシア語やヴェトナム語の新聞も喜ばれています。フィリピンの新聞はタガログ語のものが入手困難だったので，英語のものを収集していますが，代わりにタガログ語の雑誌を入れることにしました。こういう形で，現地語資料

の新聞が無理なら雑誌で，とかその逆もあり，多様な資料を取り入れ，バランスをとるよう心がけています。"

Q 利用が多いということは，それだけ「選書」がよい，ということの表れのような気がします。選書のコツがあれば教えてください。

"まず，総合図書館の準備段階で，中国人，韓国人の方に選書に加わっていただいたことは重要なことでした。今はその方たちは図書館におられませんが，彼らが選んでくれた資料の多くは，必要不可欠なレファレンス資料なども含まれており，後でその選書に感心しています。

それから，選書には出版社や書店の方とのつながりも大切だと思います。福岡の例で言えば，福岡の外国語資料を扱う書店はそれまで大学の先生や研究者の方を相手にしていらしたので，お店にも固くて難しい本が置かれていたようです。でも，公立図書館が外国語資料を購入するようになって，次第にやわらかい本も置いてくれるようになりました。私たちが選書をしていくうちに，書店さんの側でも，どういう本が公立図書館に向いているかがわかってきたようです。これから新しく外国語資料を集めていこうとする図書館の方には，まず書店さんとの交流を大切にして，いい本を集めてほしいと思います。"

Q 外国人の方で，日本の図書館の使い方がよくわからず，問題が起きることはありますか？

"正直なところ，図書館を利用する外国人の中には図書館のルールや使い方が理解できずに，友人へ本を又貸ししたり，日本語学校を卒業すると連絡がとれなくなったりという問題も起きています。こうしたことを防ぐためには，登録の際に

案内を渡してきちんと説明し，日本の図書館のルールを理解していただくことが必要です。これから考えていかなければいけない問題でもありますね。"

Q「外国語資料を借りたい」という他の市町村図書館からの要望があれば，相互貸借していますか？　また，逆に探している資料があるときは，どのようにしていますか？

　"購入後一定の期間を過ぎた図書資料は，要望があれば他の図書館にもお貸ししています。こちらで他の図書館の蔵書を調べる時は，電話で直接お聞きすることが多いですね。まだ外国語資料をもっている図書館はそれほど多くありませんので，いくつか限られたところに聞くことになります。"

〇ありがとうございました。これからもっと多くの図書館で外国語資料を収集するようになり，相互貸借もさかんになるといいですね。また，図書館間で問題点を話し合ったり，アドバイスしていったり，とお互いの交流も深まっていくことを期待しています。

　以上が，福岡市総合図書館でのアジアを中心とした多文化サービスの内容です。利用者には，図書，新聞，雑誌，絵本，教科書，映画，ビデオ，とさまざまな角度から想像力を養い，アジアや世界を実感してほしいと願っています。そして，世界の国々がもっている固有の文化を認めてほしいと思います。自分たちとは異なる文化に寛容な精神をもつことこそ，文化の衝突を乗り越える唯一のキーワードだと考えられるからです。私たちもいっそう利用者サービスを向上させ，多文化社会との共生を豊かなものにしたいと願っています。

4 ブラジル人から見た日本の公立図書館の多文化サービス―ポルトガル語資料を中心に

ナカタ・グレース・キヨカ
(ブラジル・サンパウロ日本文化センター図書館)

(1) はじめに

国際交流基金の平成14年度司書日本語研修に参加したおりに、日本の公共図書館で、ブラジル人への図書館サービスが先駆的に行われているA図書館とB図書館を見学することができた。本稿では、この二つの公共図書館のブラジル人に対するサービスの事例を示し、これからの対策について考察したい。

(2) A図書館

在日ブラジル人へのサービスが最も積極的に行われているのは、A図書館の分館である。ここには、1999年にはポルトガル語図書コーナーが開設され、ポルトガル語図書を約850冊所蔵し、出入口とカウンターの隣に配置されている。ブラジル人にとっての利便性に対する配慮からだろうが、日本語図書の書架から離れているので、心理的に「ブラジル人と日本人は別」と言う印象を受ける。利用者の出入りの多い出入口に近く、カウンターの隣という位置は、人目を意識しないわけにはいかないだろう。その結果、ゆっくり落ち着いて本を選んだり読んだりする環境とは言えない。

この図書館では、来館者数が増えることが期待されたが、期待したほどには増加していないのが実情である。それには、

いくつかの原因があると思う。

　第一は，ブラジル人へのサービスの具体的な広報活動があまり見られなかったことである。ポルトガル語図書の所蔵や図書館サービスなど，在住ブラジル人にほとんど知られていない。ブラジル人利用者が思ったほど増加しないので，図書館側では，ブラジル人への広報サービスに力を入れないという悪循環に陥っている傾向も感じられた。

　第二は，A市では，ブラジル人と日本人との交流がそれほど進んでいないと思われる点である。日本人社会側がさまざまな活動をしても，ブラジル人の興味を引くことが難しいようである。A市に移住してきたブラジル人は，日本語が理解できなくても，生活上で困ることがあまりないので，日本人と接する必要はなく，ブラジル人のコミュニティの中だけで生活しているように思われる。

(3) B図書館

　B図書館では，A図書館と違って，ブラジル人へのサービスに関して，積極的な広報活動を行っている。毎月B町のミニコミ紙に図書館の情報を掲載している。ポルトガル語版利用案内やミニコミ紙などがブラジル人の目に触れやすいところ，例えばブラジル人がよく利用する店，学校，相談室などに置かれている。

　この図書館のポルトガル語コーナーには約2,400冊の図書があり，日本語図書の書架と小さな閲覧コーナーの近くに配置されているので，ポルトガル語と日本語の資料をリラックスしてゆっくり見ることができる。それに，書架の上には日本とブラジルとの友好関係の象徴として，両国の旗が置かれ，

その横に「CANTINHO DO LIVRO EM PORTUGUÊS」(「ポルトガル語図書の小さなコーナー」という意味) と書かれた資料案内がある。ポルトガル語で「CANTINHO」とは「小さな」という意味の他に「温かさ」や「手助け」という意味をもっている。この案内には，言葉の響きの温かさも含まれている。

(4) 日本の公共図書館における今後の課題と展望

多文化サービスを提供する上で最大の障壁となるのは言葉だと思う。A図書館でもB図書館でも，ポルトガル語が話せる職員を雇用することが理想であるが，現在図書館の予算が非常に限られてきているので，そうはいかないようである。ブラジル人の利用者を増やすためにどうすればよいか，日本の図書館における今後の課題と展望について，個人的な意見と提案を述べてみたい。

①広報活動の問題

日本人の利用者はいろいろな公共図書館サービスを利用しているが，来日した外国人はさまざまな異なる文化背景を持ち，日本の公共図書館のサービスを認識しているわけではない。世界中の図書館ですべてのサービスが必ずしも同じではないからである。

日本の公共図書館は，さまざまな図書館サービス，中でもブラジル人へのサービスを，もっとPRする必要がある。図書館側が資料を整備して努力をしても，ブラジル人にうまく情報が伝達されなければ，効果はあまりない。具体的には，ポルトガル語版の図書館利用案内をブラジル人の目に触れやすいところに置くなど，これまでよりも積極的な広報活動が重要である。

また，大きな新聞に取り上げられるよりも，ブラジル人向けのミニコミ紙や地域の国際交流協会の定期刊行物などで取り上げられるほうが，生活に密着しているので，より大きい宣伝効果を生み出すと思われる。

②インターネットの役割

　B図書館のホームページでは，ポルトガル語で図書検索ができるようになっているが，ポルトガル語の図書や雑誌などの表紙の写真は掲載していない。

　ブラジル人の利用者の興味を引くためには，ホームページにポルトガル語の図書や雑誌などの写真をふんだんに使い，どんな本が入っているかがひと目でわかるように工夫したほうがよい。日本の図書館は，インターネットによって，ブラジル人だけでなくさまざまな利用者とアプローチをし，さらに積極的な利用者とのコミュニケーションをとることができる。そこで，インターネットでポルトガル語版の利用案内や基本的な図書館のインフォメーションを提供するだけにとどまらず，できる限り情報のアップデートと内容の充実を目指すべきであろう。

　例えば，帰国するブラジル人にポルトガル語図書の寄贈を募集する，ポルトガル語図書を登録するためのボランティア募集，利用者のリクエスト受付などにインターネットは大変便利な手段である。

③子どもたちと児童書の役割

　学校の先生からの働きかけも重要である。例えば，ブラジル人の子どもが通っている日本の小学校や中学校の担任の先生が，授業の一環として，ブラジル人の子どもと日本人の子どもを図書館へ連れていき，子どもたちに日本語とポルトガ

ル語の本を紹介するというプログラムもよいであろう。

　子どもたちは日本語が話せるようになってくると，ポルトガル語で書かれた本だけでなく，日本語の本にも関心をもつようになる。そこで，ポルトガル語と日本語の児童書を同じところに配置したほうがよいと思う。

　そして，できる限り，図書館でポルトガル語の資料とその日本語訳をいっしょに排架することで，日本人とブラジル人との相互理解が深まると思う。図書館で同じ本を日本語とポルトガル語で読むことができれば，ブラジル人の読書環境が次第に変わり，図書館は生活の一部となっていくかもしれない。将来的には，ブラジル人の子どもたちが，図書館へ両親を連れてくる可能性もある。その上，日本人の子どもとブラジル人の子どもの間で相互理解の意識を自然に身につけることもできると思う。

④ブラジルに関する特集コーナー

　ブラジル人集中居住地域では，日本人利用者にもブラジルに対する関心をもってもらうため，公共図書館に，日本語で書かれたブラジルに関する図書を特集コーナーとして展示するのも効果的であろう。そうした周囲の環境によって，日本人とブラジル人との理解と関係はさらに深まるであろう。理解と関係から，社会的な行動が生まれることもあり得るからだ。

(5) おわりに

　これまで述べたように，多様化された社会のニーズに対応するため，日本の図書館はさらに，さまざまな対策を講じなければならないと思う。

外国語の図書や雑誌，外国語版の利用案内や申込書などを用意することだけで，外国人の利用者が増加するわけではない。日本人と外国人とのコミュニケーションがうまくいかないと成果は上がらないだろう。さまざまな対策の中で，外国人を地域住民として温かく迎え入れる姿勢を持つこと，日本人・外国人の区別をせず，サービスを公平，公正に提供することは最も大切な姿勢である。

　多文化サービスは，外国人やマイノリティに対する特別なサービスだけではなく，異文化理解という点にまで踏み込んだサービスだと思う。これから，さらに多文化サービスの発展に伴って，ブラジル人社会での図書館に対する認識がひろまってくるだろう。図書館は日本人とブラジル人の出会う場所になり，図書館の資料を通じて，ブラジル人と日本人が相互に文化を理解し合うことができる。日本の公共図書館が，このような形で交流と社会活動の場として発展していくことを期待したい。

　今回見学した日本の図書館のブラジル人へのサービスは，ブラジル人社会と日本人社会の相互理解の第一歩である。これからはブラジル人側の協力と反応も期待されていると思う。

＜筆者紹介＞

　筆者のナカタ・グレース・キヨカさんは，ブラジルで生まれ育った日系ブラジル人の3世です。国際交流基金が海外から招いた司書に対する6か月の日本語研修に参加し，もともとお上手だった日本語に磨きをかけ，日本滞在中に見学した日本の図書館のブラジル人への図書館サービスについて，日本語で，上記の論考を書いてくださいました。

5 トロント市立図書館(TPL)の多文化図書サービス
―日本語資料選択者の立場から

リリーフェルト・まり子

（国際交流基金トロント日本文化センター主任司書）

　1996年にトロント近郊の6つの市が統合されると同時に，トロント市立図書館（Toronto Public Library: 以下TPL）は分館98館をもつ一大図書館システムになった。2001年の統計では，ニューヨークやロスアンジェルスよりも貸出数や利用者数の多い北米最大の公共図書館となっている。TPLでは新移民への意識的なサービスが1950年代の末ごろから行われているが，ここでは，外部からの資料選択者として日本語資料選書にかかわっている筆者の立場から，日本語図書を中心に最近の多文化図書サービスについて述べてみたいと思う。

(1) 多文化サービスの目標―2003年の計画―

　現在カナダ最大の都市トロント市の人口は250万人で，その4割がカナダ国外で生まれた人々である。このような多様な文化背景をもった住民がカナダ社会に積極的に参加できるよう，TPLでは，多文化サービスの推進を2000～2003年の運営計画の中に組み込んでいる。それらは，以下のような目標を含む。

・多様な文化背景をもった住民のための蔵書，プログラムやサービスを提供する。
・異文化紹介プログラムや新移住者のための英会話クラスを提供する。
・トロント市と提携し市民権取得講座やカナダ社会適応のた

めのプログラムを設置する。
・多様な文化をもつ利用者への適切な対応を学ぶための，図書館スタッフの養成プログラムを充実させる。
・誰もがインターネットや，CD-ROMなどの電子情報を利用できるよう配慮する。

(2) 多言語図書コーディネーター

　上記の目標のうち，とくに多言語図書提供のために，TPLでは具体的にどのような運営をしているのだろうか。

　TPL収集部門の多言語蔵書コーディネーターのダイアン・ドラガスビッチさんは，フランス語および日本語を含む多言語蔵書の責任者で，前ノースヨーク市のときからひきつづいて30年以上働く大ベテランである。彼女のおもな仕事はトロント全市の多言語図書の予算の分配，収集のガイドライン作成，各資料選択者（selector）とのコーディネート，多言語蔵書について各分館との調整などである。ダイアンさんは毎年2月にその年の選書ガイドラインを設定し，その説明のために資料選択者を全員招集して会議を行う。

　今年の資料選択者は約30名おり，そのほとんどがTPL所属の司書である。私のような外部からの資料選択者はほかに6名で，トロント・レファレンス図書館（Toronto Reference Library: 以下TRL）[1]の前職員だったものが大半である。今年は，約40言語の書籍が資料選択者により選書され，全体の蔵書購入の約12%が多言語資料購入費にあてられた。資料選択者の仕事は，プロフィールやガイドラインに沿って出版社のカタログからタイトルを選出し，予算枠内でリストを作成するところまでである。

選書の際のガイドラインとして，次のような項目があげられた。
・分館への選書には辞典類や参考文献，セットもの全集などは含まない。
・英語を学ぶための書籍は，第二言語としての英語（ESL）として別の予算をとってあるので多言語予算からは購入しない。
　また，日本語の蔵書は主に二つの地域図書館とTRLに排架されるが，それぞれの図書館からは，主題ごとの大まかな選書希望を記した「蔵書のプロフィール」用紙が提出される。たとえば，料理・健康やクラフトの本がほしいとか，演劇や詩歌の本はいらないという具合である。予算は，印刷物－視聴覚，児童－成人と分かれている。資料選択者の仕事は，プロフィールやガイドラインに沿って出版社のカタログからタイトルを選出し，予算枠内でリストを作成するところまでである。

(3) 日本語資料の選書―「武蔵と小次郎」「海辺のカフカ」など

　選書ツールとしては，トロントにある取次業者から入手する新刊書の案内パンフレット，『これから出る本』『新刊展望』『週刊読書人』，新刊案内，インターネットサイト書店売り上げリスト，『文学界』『文藝春秋』その他の雑誌広告などである。最近はインターネットがたいへん便利である。とくに，音楽CDの情報は入手しにくいのでほとんどインターネットに頼っている。小説類は，芥川賞，直木賞，各種ミステリー賞など受賞の作品，大衆小説，時代物，女性向き，若者向きなどバラエティーに富んだものを選ぶようにしている。

フィクションはカタログするものと，比較的安価なペーパーバックなどのようにカタログしないものとに分けられる。ノンフィクションは，すべてカタログされ，インターネットのオンライン・カタログで検索できるので，トロント市内のどこからでもリクエストが可能である。
　トロントでは，ケーブルテレビのTVジャパンでNHKの大河歴史ドラマ「武蔵　MUSASHI」が放映されているので津本陽の『武蔵と小次郎』を選んだ。芥川賞受賞の大道珠貴の『しょっぱいドライブ』や，村上春樹の『海辺のカフカ』などをこの7月に提出した選書リストに載せた。発注，カタログは，一般の蔵書と同じくそれぞれTPLの整理部門で行われる。カタログ部門には現在日本語のわかるスタッフがいないためか，排架された本に著者名や作品名などの読みに間違いのあるラベルが貼られているのを時々見かけるので，そのつど訂正してもらうよう頼む。

(4) 多言語図書サービス

　TPLでは，全市を東西南北の4つの図書サービス地区に分けている。それぞれの言語の書籍，CD，ビデオ，雑誌が，どの地域のどの分館で所蔵されているのかは，TPLのホームページのマルチカルチュラル・コネクション[2]に詳しく掲載されている。
　メイン・ブランチであるTRLでは，1983年に多言語図書の貸出を中止したが，2001年6月より多言語図書に関しての方針が変わり，貸出が再開された。150種以上の多言語図書のうち現在44言語の図書が貸出されている。日本語図書に関しては，3年前より毎年約100冊の日本語書籍を購入して貸出

ている。しかし，それ以前からあった約3,000冊の書籍は依然レファレンスのままである。これは，レファレンスから貸出への記録変更に要するスタッフや予算がないのが主な理由であると聞く。このような状況は，日本語に限らず他の言語においても同様にみられる。

　また，TRLではリソース・コレクションとして，分館では所蔵しない辞書，参考書類などを揃えているが，ここ数年新しい資料がほとんど増加していない状況である。TRLの他に市内6か所の分館に日本語の蔵書があり，その総数は約13,000冊である。たとえ近所の図書館に日本語図書がない場合でも分館間のインターローン・サービスを利用し，インターネットで予約をして借りることが可能である。

(5) むすび

　その他の新しいサービスとしては，インターネットによる多言語の新聞へのアクセスや，6言語による「電話読み聞かせおはなしサービス」などがある。TPLにおいては，多言語購入にかける予算が全体の資料購入費と比べて少ないような気がするが，運営方針の中に多文化図書サービスを組み込み，多様な文化背景をもつトロントのコミュニティに対応した図書サービスをする努力がみられる[3]。

＜筆者紹介＞

　筆者のリリーフェルト・まり子さんは，1974年教職を退職，カナダに移住し，現在トロント市に住んでいます。ライブラリー・テクニシャンの資格習得後，1979年より1995年までメトロポリタン・トロント・レファレンス・ライブラリーのランゲージ部門で日本語担

当職員として勤務し，多文化図書サービスを担当しました。在職中に，トロント大学大学院で図書館情報学修士号を取得。1995年6月より国際交流基金トロント日本文化センター図書館に移り，開館準備中から現在まで，主任司書として図書館の運営全般に携わっていらっしゃいます。

注

1) 「TRL」とは旧トロント時代から多言語蔵書の拠点館で，筆者も以前ここの職員であった（日本では「メトロポリタン・トロント・レファレンス・ライブラリー」の名称で知られている）。
2) ここはマルチカルチュラル・コネクション（connection）。コレクション（collection）ではない。「マルチカルチュラル・コネクション」のURLは

    http://www.tpl.toronto.on.ca/mul_index.jsp

    なお，TPLのURLは下記のとおり

    http://www.tpl.toronto.on.ca/

    ここに，TPLの多文化サービスに関する情報がすべて載っている。
3) トロント市（旧トロント市とトロント近郊6市）の日本人数
    総数　11,662人
    （内訳）　長期滞在者（民間企業関係者およびその家族，留学生，ワーキング・ホリデー，その他を含む）5,005人，永住者6,657人（2003年11月現在。トロント日本総領事館による）

コラム

> チョット
> ひとやすみ

東京都立中央図書館の中国語・韓国朝鮮語資料コレクション

「中国語資料の収集は,世間の中国ブームが始まってからのものではなく,それに先行するものだった。私自身,就任当初,いわゆる"洋書"という考え方を改め,中国・朝鮮・ヴェトナムその他すべてのアジア諸国の資料を含めたいっさいの外国語資料を指すと考えるべきではないかと提言したことを思い出す。」

これは,都立日比谷図書館で,中央図書館開館へ向けての資料を収集していた1970年当時の状況を,フランス文学者であった杉捷夫館長が「退任に当たって」書いた文章です。

当時多くの日本の図書館で,中国や朝鮮半島で発行された図書は,「洋書」に対比する「和漢書」として扱い,整理していました。また,ほんの少数の大学・専門図書館を除いては,戦後,近隣諸国の資料はほとんど収集していませんでした。このような実情を踏まえて,新館の開館に向けて,まず中国語資料の収集に着手したのです。日中国交回復前のその頃は,広州交易会での図書の展示に赴く書店に,輸入のための調査を依頼するというような,暗中模索ではじめた収集業務でした。こうして集められた中国語資料の収集範囲は,大陸に加えて香港・台湾も含みました。また,整理方法としては,書名・著者名のヨミは,漢字の日本語読みではなく,ピンイン(中国文字のアルファベット表記)を採用しました。このことは,従来の国内における中国書の整理の大きな転換となりました。

その後,1974年に,都議会に対して「アジア図書館設立を求める」請願が提出された時,当時の社会教育部長が,「図書館の新設はできないが,当面都立中央図書館で集めている海外資料係で,韓国・朝鮮語資料を収集していきたい」と答弁し,予算措置のないまま,中国語資料収集予算の一部を割いての収集業務が始まりました。収集範囲は南北に偏らないこととし,先の中国語資料と同様,ハングルによる整理の方向が採られ,国内での韓国・朝鮮語資料整理におけるハングル採用の先駆けとなりました。

このようにして,都立中央図書館では,2004年3月末現在,現代中国語資料を52,052冊,現代韓国・朝鮮語資料を13,668冊所蔵しており,誰でも使える公立図書館での外国語による資料提供の大きな位置を占めています。
　残念ながら,まだ,インターネットでの蔵書検索はできません。しかし,それぞれの冊子体目録を発行し,全国の公立図書館に寄贈され,相互協力のための力強いツールとして利用されています。 2004年4月現在,「東京都立中央図書館中国語図書目録」は,7冊発行されています。【①総記・哲学・歴史 1972-1990　②社会科学・自然科学・工学・産業 1972-1993　③芸術・語学 1972-1997　④文学上巻 1972-1998　⑤文学下巻　1972-1998　⑥補遺版　総記・哲学・芸術・語学・文学　⑦補遺版 歴史】
　一方,韓国・朝鮮語資料については,「東京都立中央図書館朝鮮語図書目録　1996」「補遺版1998」の2冊,および1998年以降,「追加版」を年に1,2冊発行しています。

第 III 部

すぐに役立つ使える資料

1 「多文化に対応した図書館」チェックリスト

本書で述べた内容をもとに、「多文化に対応した図書館」チェックリストを作成しました。このチェックリストは、多文化サービスをはじめようとする図書館、または、すでにはじめている図書館が、自館のサービス改善に役立てるために作成したものです。

チェック項目の内容は、物理的・人的制限により改善することが困難な条件もあります。必ずしも、すべての項目を満たさなければ多文化サービスを提供できないということではありません。

多文化を意識した取り組みをする際のポイントをあげたものとして活用してください。

1．基本的な調査事項
- ☐ 外国籍住民の状況を把握する
    - ☐ 外国籍住民の人口比率を調べる（最新の統計資料で）
    - ☐ 出身国（地域）別比率を調べる（最新の統計資料で）
    - ☐ 外国籍住民の行政ニーズを調べる（調査報告書などで）

2．予算
- ☐ 外国語資料購入費を予算化している
    - ☐ 継続的，計画的に購入している
    - ☐ 外国籍住民の比率を資料購入予算に反映させている

3．広報
- ☐ 図書館の案内記事を掲載している
    - ☐ 自治体の広報誌（日本語版，外国語版）
    - ☐ エスニック・メディア（在日外国人向けの情報誌）
- ☐ 外国語版の図書館利用案内（パンフレット）を作成している
- ☐ 外国籍住民の目に触れる場所に，図書館利用案内を置く

- ☐ 外国人登録窓口
- ☐ 保健所（母子手帳発行窓口や健康相談所など）
- ☐ 駅構内
- ☐ 国際交流協会
- ☐ 日本語学校
- ☐ コンビニエンス・ストア
- ☐ エスニック・スポット（在日外国人向けの飲食店など）

4．館内での受け入れ体制
- ☐ 日本語初心者にもわかるように話す
    - ☐ 簡単な単語を使う
    - ☐ 敬語は避ける
    - ☐ 短い文章にする
    - ☐ ゆっくり，はっきりと言う
    - ☐ 身振りや図示を交える
- ☐ 館内表示が，外国語併記や標準的な案内図記号になっている
- ☐ 外国籍住民の使用言語を理解するスタッフがいる
    - ☐ 正規職員
    - ☐ 非正規職員
    - ☐ ボランティア

5．**資料収集**
- ☐ 外国籍住民のニーズにあった外国語資料を収集している
    - ☐ 新聞，雑誌
    - ☐ エスニック・メディア
    - ☐ 自治体などが発行している生活情報誌
    - ☐ 地図（避難場所や病院などが載っているもの）
    - ☐ 一般書（小説，政治・経済，実用書など）
    - ☐ 児童書（絵本，知育書，漫画など）

- [ ] 日本語学習書
- [ ] カセットテープ，CD，ビデオ，DVD

6．資料提供
- [ ] 外国語資料のコーナーを設置している
    - [ ] 初めて来館した人にもわかりやすい位置にある
    - [ ] 外国語資料は，言語別排架である
    - [ ] 外国語書籍の目録は，誰もが閲覧可能な場所にある
        - [ ] 表紙コピーを綴じた簡易目録
        - [ ] 蔵書カード目録
        - [ ] 冊子体目録
- [ ] 外国語資料の新着案内を，定期的におこなっている
- [ ] 利用者用インターネット端末により，出身国メディアへのアクセス環境を提供している

2 市川市立図書館多文化サービス方針等

※市川市中央図書館では，1994年の新館開館を前に，準備の一つとして種々の委員会を設け，方針決定やマニュアルの作成を行いました。そのプロジェクトの中に多文化サービスも組み込まれており，ここでは「サービス指針」と「収集計画補足」を収録しました。

市川市中央図書館　多文化サービス　サービス指針

　市川市立図書館では，市川市に在住・滞在する外国人を利用対象の中心に置いた，以下のような多文化サービスを展開していくものとする。

〔図書館における多文化サービス〕
　「公共図書館は，その地域社会を構成する，すべての人（人種，皮膚の色，国籍，言語のいかんを問わず）に平等にサービスをする。」
『ユネスコ公共図書館宣言』
　図書館は住民すべての学ぶ権利や知る権利を等しく保障する上で，不可欠な機関であるといえる。すなわち図書館の利用に障害のある人々への対応も求められている。その一つとして言語の違いを障害とする人々，外国人へのサービスは位置づけられる。図書館における多文化サービスは，日本在住の外国人のみならず，多数派住民である日本人が，多文化を知り背景を理解し共存していくためにも，欠くことのできないサービスであり，今後ますますその意義と必要性が問われてくるといえる。
〔市川における外国人サービスの指標〕
　市川市中央図書館では，国際化に対応する図書館を目指して「外国語資料コーナー」を設置する。その資料を生かすために，以

下のような5つの柱をサービス目標に掲げ，地域社会の外国人への具体的なサービスを展開していくものとする。

1．サービス対象の把握

図書館サービスの対象者として，市川市に居住する住民の姿を明確にとらえ，言語・国籍に関わりなく公平なサービスを行っていくこと。1988年度の『日本の図書館』付帯調査の「多文化サービス実態調査」では，多文化サービスの対象として「在日韓国・朝鮮人をはじめとする在留外国人，インドシナ難民，中国帰国孤児とその家族，留学生，技術研修生，先住民族であるアイヌ民族，帰国子女，国際結婚の両親を持つ子供，帰化した人」を列挙している。
＊来館者への図書館アンケートの手渡し
＊外国人の方を対象とした懇親会

2．多様な言語の資料収集と提供

多様な言語で書かれた資料を収集・累積していくこと。また魅力ある棚揃えを心がけ，外国人利用者のニーズに敏感に対応していくこと。
　詳しくは「外国語資料収集計画補足」で述べる。
＊継続的な新刊書・話題書の購入
＊洋書専門店との情報交換

3．情報アクセスの保障

言語の違いが障害となって，必要な資料に行き着くことが困難な利用者に，なんらかの手段を保障すること。また図書館が誰にでも開かれた場であり，外国人であっても例外でないことを広くPRしていくこと。
＊外国人向けのリクエスト・サービスの実施
＊外国語図書を所蔵する他の図書館との資料の相互貸借

＊所蔵図書リスト及び出版カタログの提供
＊新着図書の紹介・案内の定期的な発行
＊利用可能な日本語資料の紹介・提供
　外国人利用者が見て楽しめる画集・写真集などのビジュアル書の紹介
＊レファレンス・サービスの実施
＊レフェラル・サービスの実施
　他機関としての外国人のための公的窓口・相談所の把握・照会

4．多文化コミュニケーション

　図書館は情報発信地であると同時に，地域住民の情報交換の場としての機能を果たしていくこと。外国人たちが日本での生活情報を提供したり，日本人に母国の文化を紹介したり，といった利用者相互が多文化を知るコミュニケーションの場となること。
＊イベントの開催
＊外国人相互の情報交換　インフォメーション・ノート

5．図書館員の国際化

　図書館員自身が多文化への良き理解者となること。
＊カウンター・マニュアルの作成
　外国人利用者との対応はできる限り多言語で行うことが望ましい。それが困難な場合でも，なんらかのコミュニケーション手段を考慮していく。
＊外国人向けの図書館利用案内

市川市中央図書館　外国語資料収集計画補足

　この資料収集計画補足は，先に定められた「外国語資料収集計画」に基づき資料収集において，スタッフ間の共通認識項目としてより具体的な提案を記述し補うものである。

1. 外国語資料の定義

"外国語資料とは,出版地を問わず,外国語で記述された資料とする。"

具体的に外国語資料とは以下の4点を示す。

＊日本の出版社による外国人向け図書資料

　外国人向けに日本の文化紹介などがなされたものが多い。日本の出版社による日本の紹介ゆえに記述が詳しい。

ex) 出版社…タトル商会,講談社インターナショナルなど。

　叢書名…保育社カラーブックス,講談社英語文庫など。

＊外国の出版社による図書資料

　国内に支社ならびに取扱い店をもつ外国の出版社が発行する資料。外国語資料でしか手に入らないものが多い。

ex) バンタムプレス,オックスフォード,ロングマンなど。ペンギンブックス,バランタインブックスなどのペーパーバックを含む。

＊日本の行政機関や文化施設などによる外国人向け資料

　外国語で書かれた日本文化,歴史解説書の類や各施設案内など。また身近な生活,行政などのパンフレット類も多い。

ex) 国立博物館,美術館,市役所,図書館,郵便局,大使館など。

＊国内の民間団体による外国人向け生活資料ほか各種資料

　日本国内の民間団体,国際交流団体,各種サークルなどで出版しているパンフレットやミニコミ紙など。生活情報を提供する資料が多い。

ex) 銀行（企業）,JRなどの交通機関,KDDなどの通信サービス機関,旅行の宿泊情報サービス,各種ボランティア団体など。

　資料の形態は,必要に応じて関連する他の担当部会と調整をはかり,協力体制をはかっていく。

2．言語の種類

　"利用者の使用言語に合わせた形での言語種類を考慮しながら，多くの種類の言語で書かれた資料を幅広く収集の範囲とする。"言語の区分は以下の2つに大部される。

ａ．世界広域公用言語

　以下にあげる言語は広い地域で多くの人々に利用されている言語といえる。たいていの外国人が少なくともひとつは理解できる言語と考えられ，また日本人も親しみやすく学んでいく言語ともいえる。したがって以下にあげる言語群を世界広域公用言語とみなし，これらで書かれた資料は多くの分野にわたり，収集の範囲として，蔵書の基本とする。

①英語
②中国語　　　　　世界の人口の1/4
③フランス語 アフリカ諸国，カナダなど。
④ドイツ語　　　　②③④は日本の大学の第2外国語でもある。
⑤スペイン語　　　中南米諸国の共通語
⑥ロシア語　　　　旧共産圏諸国での共通語
⑦アラビア語　　　アラブ世界の共通語

ｂ．アジアの言語

　アジアの中の日本ということで，隣国の朝鮮・中国をはじめとする東アジア圏の資料，さらに東南アジアの資料の収集に努めていく。日本はアジアから来る労働者や留学生に対して身近な情報提供する場が少ない（欧米資料中心）ことから，図書館で彼等に故国の生の情報を，故国の言語で提供していくことを前提とする。市川市でも居住外国人の80％はアジア圏の人達であることからも，アジア言語の資料収集を蔵書の特色とする。

　また，国際社会のなかで日本は，どのような国々と隣り合い，どう関係しあっているのか，同じアジアの国としてどうあるべきなのか，などを市民に問いかける構成にしていく。東アジアの資料として，今まで中国・朝鮮を中心にしてとらえてきたが，冷戦後

の新たな東アジアとして，ロシア語・モンゴル語・チベット語をも加えて大きくとらえ，さらに相互に影響しあってきた東南アジア諸国も加えて，「東アジア文化圏資料」とする。
①中国語
②朝鮮語，韓国語
③ロシア語
④モンゴル語
⑤チベット語
⑥ベトナム語
⑦インドネシア語
⑧タガログ語
そのほか東南アジアの言語

3．外国語資料の形態

＊図書資料

　各分野にわたって基本図書，実用書を中心とした収集を行う。専門書は必要に応じて収集する。参考図書類も基本的なものを中心に収集する。市内に居住する外国人のために
①日本で生活する上で役立つ情報が得られる資料を収集する。
②日本の文化，日本の事情などを知るための資料を収集する。
③日本語の習得に役立つ資料を収集する。

　以上の資料に関しては，日本の姿の表現や記述について正確であるかに留意して収集する。
④生活上の疑問を調べることのできる資料を収集する。
⑤生活に潤いを与えるための趣味や娯楽の資料を収集する。

　日本人が多文化への理解を深めるための資料としては，
①外国の文化，知識を得ることのできる資料を収集する。
②在住している外国人に対しての理解を深めるための資料を収集する。
③外国語を習得する上での助けになるような資料を収集する。

＊雑誌・新聞
　これらの資料は即時的な情報を提供することのできる資料として，積極的に収集する。
①日本での生活に役立つ情報紙（誌）を収集する。
②利用者の本国の最新事情やニュースなどの情報を即時に得られる資料を収集する。
＊パンフレット・プリント・ミニコミ紙
　これらの資料は手軽に生活情報を提供することのできる資料であり，コミュニケーションにも役立つ資料なので積極的に収集する。
　国際交流団体，国際親善団体，交流グループ，サークル，外国人サポート団体などで発行しているパンフレット類・ミニコミ紙を中心に網羅的に収集する。
＊視聴覚資料
　ビデオや語学テープなど学習や情報源として役立つものを必要に応じて収集する。同時に音楽や映像という娯楽性をもつ視聴覚資料へのアクセスを保障するように考慮する。

3 大阪市立中央図書館 外国資料サービス検討結果
（1993年6月）

※大阪市立中央図書館では，1996年開館の新館での外国資料サービスへ向けて職員によるプロジェクト・チームを立ち上げ，基本方針と準備作業の大枠を策定しました。その検討報告書より基本方針を述べた部分を抜粋します。

1．検討結果の要約
(1) 外国資料コーナーの収集に関する基本方針
　①外国資料コーナーの基本的機能
　　新館では多文化サービスの全館的な展開が必要となっているが，その拠点となる「外国資料コーナー」により，日本語以外の言語を母語とする幼児から高齢者までを対象とした窓口の機能を果たし，外国人在住（留）者に開かれた図書館を目指す。
　②外国語資料の定義
　　外国語資料とは主な記述が日本語以外の言語で書かれた資料を指し，外国資料コーナーでは，外国人在住(留)者が母語とする日本語以外の言語で書かれた資料を指す。
　③外国資料コーナーで収集する言語についての留意点
　　今後，外国人在住（留）者の国籍や母語の変化も考えられるが，新中央館の開館時の外国資料コーナーの方針は，現状の外国人在住（留）者の比率や国際交流の実態に即することが必要である。現在，大阪市内に居住する外国人は圧倒的に韓国・朝鮮国籍が多く，留学生や労働者は半数が中華人民共和国国籍で，次に中華民国や韓国が多い。また，大阪府民の海外渡航先も韓国・中国が多い。
　　一方，英語を公用語・準公用語とする国や，英語教育に重点を置く国も急速に増加しており，国際的には英語が世界語とし

ての地位を得つつあるため，外国人在住(留)者の母語という観点に加えて，英語資料を収集することが必要である。したがって，外国資料コーナーの当面の言語別蔵書構成は，韓国・朝鮮語，中国語，英語を中心に収集する。
④収集する資料の内容
　外国語資料は，研究者等の限られた人びとを対象とした資料ではなく，日常生活に必要な知識を得るためや楽しみのための資料に重点をおく。また日本に関する資料はできるだけ幅広く収集する。また，日本語の資料は，日本語以外の言語を母語とする人びとを読者対象として著編集された資料を収集する。
　さらに，最新情報を入手できる雑誌・新聞や，文字が読めなくても理解でき，外国人が祖国に触れられ，日本人の外国理解に役立つ視聴覚資料も収集する。

(2) 外国語資料に関わる収集方針
　①言語・外国資料コーナー（外国資料）では以下の資料を収集する。
　　ⅰ） 図書資料
　　・外国語で書かれた，百科事典やクイックレファレンスに対応できる基礎資料としての参考図書
　　・外国語で書かれた，生活に役立つ実用書やノンフィクション
　　・現代のポピュラー小説等の娯楽のための図書資料
　　・日本語学習や日本紹介等，外国人向けに日本語で書かれた図書資料
　　・外国人児童のための資料
　　ⅱ） 図書以外の資料（今後の検討課題）
　　・外国語で書かれた雑誌・新聞・語学学習用のAV資料，外国に関するAV資料，外国語によるAV資料，地図（外国語による各国及び日本の地図）

②その他のコーナーの外国語資料

　外国資料コーナー以外のコーナーでも，そのコーナーの収集方針にしたがって必要な外国語で書かれた資料を収集する。

(3) 収集計画

新中央館開館時に所蔵する，韓国・朝鮮語，中国語，英語資料を中心とした外国資料15,000冊は，あくまでも外国資料収集の出発点である。開館後は社会状況の変化と利用者要求の増大に対応するために，その他の言語資料を積極的に収集する必要も考えられる。

［中略］

(4) 整理方法
　①配架
　　i) 言語・外国資料コーナー（外国資料）
　・第1次配架は，母語によるサービスという目的のため，言語別とする。韓国・朝鮮語，中国語，英語以外の冊数が少ないと予想される言語は，蔵書冊数が少ないだけに，言語の別を明確にすることが望ましい。
　・第2次配架は，成人用図書，児童図書の別にする。
　・第3次配架は，分類に相当する請求記号順とする。
　　ii) その他の各コーナーの外国語資料
　・そのコーナーの和書と同精度の請求記号を与え，和書と混配する。ただし著者や被伝者を表す記号は，カタカナではなくアルファベットを用いる。［以下略］

4　公立図書館の外国語コレクションデータ

　日本図書館協会で毎年発行している統計資料「日本の図書館」の冊子体に入りきらない統計数字については，数年前から，フロッピーディスク版でその数字が提供されています。ここに掲げた外国語資料に関する統計数字も，冊子体には収められていない数字なので，フロッピーから数字を取り出してみました。

　今回は2002年版のフロッピーから「全蔵書数」に対比して，「所蔵外国語資料数」「一年間に受け入れた外国語図書数（購入／寄贈）」「継続して受け入れている雑誌数」「継続して受け入れている新聞数」の4種類を作成し，多い順に「ベスト20」を紹介します。

　なお，この調査に載っていなかった大阪市立中央図書館のデータは2004年3月31日現在の数値を今回いただき最下段に入れました。

　外国語資料の統計は2003年版から取られていないため，2002年版のデータで記しました。復活が望まれるところです。

「日本の図書館」2002年版にみる 外国語図書蔵書冊数順ベスト20

	図書館名	全蔵書冊数	外国語蔵書冊数	外国語図書受入冊数	受入雑誌種数	受入新聞種数
1	東京都立中央	1,630,818	178,987	4,471	368	48
2	大阪府立中央	1,429,395	160,992	14,431	118	3
3	愛知芸術文化センター愛知県	814,479	87,573	437	87	2
4	福岡市総合	954,666	41,627	2,547	157	34
5	横浜市中央	1,216,200	34,304	3,712	130	28
6	豊橋市中央	566,300	31,922	63	2	3
7	大阪府立中之島	508,084	29,769	40	6	1
8	熊本県立	617,565	28,763	37	10	3
9	岡山県総合文化センター	512,620	27,642	765	36	11
10	神戸市立中央	767,580	21,830	123	3	3
11	浦安市立中央	677,616	21,759	1,184	18	12
12	神奈川県立	661,502	21,451	313	49	8
13	東京都立日比谷	283,891	21,147	233	16	11
14	宮城県	841,375	21,062	1,585	49	8
15	岐阜県	745,784	19,923	1,054	23	5
16	三重県立	664,340	19,140	1,693	47	10
17	群馬県立	705,443	17,736	2,270	20	10
18	金沢市立泉野	326,898	17,518	434	75	9
19	長崎県立長崎	674,515	16,002	1,778	19	6
20	厚木市立中央	616,924	14,565	951	85	24
※	大阪市立中央	1,415,846	33,000	2,600	151	33

外国語図書年間受入冊数順ベスト20

	図書館名	全蔵書冊数	外国語受入図書冊数	うち購入図書冊数	うち寄贈図書冊数	外国語蔵書冊数	受入雑誌種数	受入新聞種数
1	大阪府立中央	1,429,395	14,431	1,229	13,202	160,992	118	3
2	東京都立中央	1,630,818	4,471	3,607	864	178,987	368	48
3	横浜市中央	1,216,200	3,712	940	2,772	34,304	130	28
4	福岡市総合	954,666	2,547	1,345	1,202	41,627	157	34
5	群馬県立	705,443	2,270	2,234	36	17,736	20	10
6	長崎県立長崎	674,515	1,778	328	1,450	16,002	19	6
7	相模原市立橋本	194,043	1,720	851	869	2,257	18	15
8	三重県立	664,340	1,693	1,643	50	19,140	47	10
9	宮城県	841,375	1,585	133	1,452	21,062	49	8
10	大泉町立	127,806	1,438	376	1,062	2,820		4
11	千葉市中央	438,246	1,305	1,198	107	5,479	52	0
12	鳥取県立	691,938	1,300	1,000	300	8,500	49	10
13	徳島県立	957,329	1,278	1,151	127	9,073	17	12
14	浦安市立中央	677,616	1,184			21,759	18	12
15	市川市中央	528,225	1,124	405	719	10,207	21	10
16	岐阜県	745,784	1,054	928	126	19,923	23	5
17	練馬区立光が丘	238,236	994	373	621	5,344	13	5
18	我孫子市民	151,880	967	956	11	1,119	1	2
19	厚木市立中央	616,924	951	937	14	14,565	85	24
20	福井県立	552,696	849	674	175	4,414	5	2
※	大阪市立中央	1,415,846	2,600			33,000	151	33

外国語雑誌受入種数順ベスト20

	図書館名	全蔵書冊数	受入雑誌種数	受入新聞種数	外国語蔵書冊数	外国語受入図書冊数
1	東京都立中央	1,630,818	368	48	178,987	4,471
2	福岡市総合	954,666	157	34	41,627	2,547
3	福岡県立	568,840	140	2		45
4	横浜市中央	1,216,200	130	28	34,304	3,712
5	大阪府立中央	1,429,395	118	3	160,992	14,431
6	滋賀県立	948,003	92	8	11,800	353
7	愛知芸術文化センター愛知県	814,479	87	2	87,573	437
8	厚木市立中央	616,924	85	24	14,565	951
9	金沢市立泉野	326,898	75	9	17,518	434
10	静岡県立中央	467,487	64	3	8,776	269
11	千葉市中央	438,246	52	0	5,479	1,305
12	神奈川県立	661,502	49	8	21,451	313
12	宮城県	841,375	49	8	21,062	1,585
12	鳥取県立	691,938	49	10	8,500	1,300
15	三重県立	664,340	47	10	19,140	1,693
15	世田谷区立中央	657,944	47	13		
17	宇都宮市立東	336,712	44	2	1,893	121
18	東京都立多摩	558,773	42	21	6,352	140
19	岡山県総合文化センター	512,620	36	11	27,642	765
19	豊田市中央	1,079,813	36	14	8,872	600
※	大阪市立中央	1,415,846	151	33	33,000	2,600

外国語新聞受入種数順ベスト20

	図書館名	全蔵書冊数	受入新聞種数	受入雑誌種数	外国語蔵書冊数	外国語受入図書冊数
1	東京都立中央	1,630,818	48	368	178,987	4,471
2	福岡市総合	954,666	34	157	41,627	2,547
3	横浜市中央	1,216,200	28	130	34,304	3,712
4	厚木市立中央	616,924	24	85	14,565	951
5	中野区立中央	455,634	21	9	13,447	135
5	東京都立多摩	558,773	21	42	6,352	140
7	相模原市立橋本	194,043	15	18	2,257	1,720
8	豊田市中央	1,079,813	14	36	8,872	600
8	川崎市立幸	168,180	14	10	1,017	110
10	立川市中央	362,415	13	22	14,091	651
10	世田谷区立中央	657,944	13	47		
12	浦安市立中央	677,616	12	18	21,759	1,184
12	徳島県立	957,329	12	17	9,073	1,278
12	武蔵野市立中央	343,618	12	30	5,466	549
12	相模原市立相模大野	389,779	12	15	3,870	296
12	八王子市生涯学習センター	157,526	12	12	2,554	604
17	岡山県総合文化センター	512,620	11	36	27,642	765
17	東京都立日比谷	283,891	11	16	21,147	233
17	横浜市中	96,838	11	29	6,853	468
17	江戸川区立中央	207,595	11	3	6,425	
17	川口市立横曽根	207,330	11			0
※	大阪市立中央	1,415,846	33	151	33,000	2,600

5 各言語での数,月,曜日

1. 中国語

中国語の漢字表記はほとんど日本語と同じなので,ここには「曜日」「時間」のみ記しました。

台湾などで使われる中華民国暦は,清から代わった中華民国が成立した1912年を民国元年としています。西暦2001年が民国90年の計算になります。

(1) 曜日

月曜日	星期一
火曜日	星期二
水曜日	星期三
木曜日	星期四
金曜日	星期五
土曜日	星期六
日曜日	星期日

(2) 時間

午前9時	上午9点
午後12時	下午12点
午後5時	下午5点
午後8時	下午8点

2. 韓国・朝鮮語

(1) 月

1月 일월	5月 오월	9月 구월
2月 이월	6月 유월	10月 시월
3月 삼월	7月 칠월	11月 십일월
4月 사월	8月 팔월	12月 십이월

(2) 日

1日 일일	11日 십일일	21日 이십일일
2日 이일	12日 십이일	22日 이십이일
3日 삼일	13日 십삼일	23日 이십삼일
4日 사일	14日 십사일	24日 이십사일
5日 오일	15日 십오일	25日 이십오일
6日 육일	16日 십육일	26日 이십육일
7日 칠일	17日 십칠일	27日 이십칠일
8日 팔일	18日 십팔일	28日 이십팔일
9日 구일	19日 십구일	29日 이십구일
10日 십일	20日 이십일	30日 삼십일
		31日 삼십일일

(3) 数

1 일	7 칠
2 이	8 팔
3 삼	9 구
4 사	10 십
5 오	25 이십오
6 육	100 백
	1000 천

(4) 曜日

月曜日	월요일
火曜日	화요일
水曜日	수요일
木曜日	목요일
金曜日	금요일
土曜日	토요일
日曜日	일요일

3. タガログ語
(1) 月

1月 Enero	5月 Mayo	9月 Septyembre
2月 Pebrero	6月 Hunyo	10月 Oktubre
3月 Marso	7月 Hulyo	11月 Nobyembre
4月 Abril	8月 Agosto	12月 Disyembre

(2) 日

1日 Una	17日 Panglabing pito
2日 Pangalawa	18日 Panglabing walo
3日 Pangatlo	19日 Panglabing siyam
4日 Pang-apat	20日 Pangdalawampu
5日 Panglima	21日 Pangdalawamput isa
6日 Pang-anim	22日 Pangdalawamput dalawa
7日 Pampito	23日 Pangdalawamput tatlo
8日 Pangwalo	24日 Pangdalawamput apat
9日 Pangsiyam	25日 Pangdalawamput lima
10日 Pangsampu	26日 Pangdalawamput anim
11日 Panglabing isa	27日 Pangdalawamput pito dalawa
12日 Panglabing	28日 Pangdalawamput walo
13日 Panglabing tatlo	29日 Pangdalawamput siyam
14日 Panglabing apat	30日 Pangtatlongpu
15日 Panglabing lima	31日 Pangdalawamput isa
16日 Panglabing anim	

(3) 数

1 Isa	7 Pito
2 Dalawa	8 Walo
3 Tatlo	9 Siyam
4 Apat	10 Sampu
5 Lima	100 Isangdaan
6 Anim	1000 Isanglibo

(4) 曜日

月曜日	Lunes
火曜日	Martes
水曜日	Miyerkoles
木曜日	Huwebes
金曜日	Biyernes
土曜日	Sabado
日曜日	Linggo

4. ベトナム語
(1) 月

1月	tháng giêng	5月	tháng năm	9月	tháng chín
2月	tháng hai	6月	tháng sáu	10月	tháng mười
3月	tháng ba	7月	tháng bảy	11月	tháng mười một
4月	tháng tư	8月	tháng tám	12月	tháng mười hai

(2) 日

1日	ngày một	17日	ngày mười bảy
2日	ngày hai	18日	ngày mười tám
3日	ngày ba	19日	ngày mười chín
4日	ngày bốn	20日	ngày hai mươi
5日	ngày năm	21日	ngày hai mươi mốt
6日	ngày sáu	22日	ngày hai mươi hai
7日	ngày bảy	23日	ngày hai mươi ba
8日	ngày tám	24日	ngày hai mươi bốn
9日	ngày chín	25日	ngày hai mươi lăm
10日	ngày mười	26日	ngày hai mươi sáu
11日	ngày mười một	27日	ngày hai mươi bảy
12日	ngày mười hai	28日	ngày hai mươi tám
13日	ngày mười ba	29日	ngày hai mươi chín
14日	ngày mười bốn	30日	ngày ba mươi
15日	ngày mười lăm	31日	ngày ba mươi mốt
16日	ngày mười sáu		

(3) 数

1	một	7	bảy
2	hai	8	tám
3	ba	9	chín
4	bốn	10	mười
5	năm	100	một trăm
6	sáu	1000	một nghìn

(4) 曜日

月曜日	thứ hai
火曜日	thứ ba
水曜日	thứ tư
木曜日	thứ năm
金曜日	thứ sáu
土曜日	thứ bảy
日曜日	chủ nhật

5. タイ語

タイで主に用いられる仏暦は，西暦に 543 を足すと求められます。数の項目では,( )内にタイで用いられる数字を記しました。

(1) 月

1月	มกราคม	5月	พฤษภาคม	9月	กันยายน
2月	กุมภาพันธ์	6月	มิถุนายน	10月	ตุลาคม
3月	มีนาคม	7月	กรกฎาคม	11月	พฤศจิกายน
4月	เมษายน	8月	สิงหาคม	12月	ธันวาคม

(2) 日

1日	วันที่ หนึ่ง	17日	วันที่ สิบ เจ็ด
2日	วันที่ สอง	18日	วันที่ สิบ แปด
3日	วันที่ สาม	19日	วันที่ สิบ เก้า
4日	วันที่ สี่	20日	วันที่ ยี่สิบ
5日	วันที่ ห้า	21日	วันที่ ยี่สิบ เอ็ด
6日	วันที่ หก	22日	วันที่ ยี่สิบ สอง
7日	วันที่ เจ็ด	23日	วันที่ ยี่สิบ สาม
8日	วันที่ แปด	24日	วันที่ ยี่สิบ สี่
9日	วันที่ เก้า	25日	วันที่ ยี่สิบ ห้า
10日	วันที่ สิบ	26日	วันที่ ยี่สิบ หก
11日	วันที่ สิบเอ็ด	27日	วันที่ ยี่สิบ เจ็ด
12日	วันที่ สิบ สอง	28日	วันที่ ยี่สิบ แปด
13日	วันที่ สิบ สาม	29日	วันที่ ยี่สิบ เก้า
14日	วันที่ สิบ สี่	30日	วันที่ สามสิบ
15日	วันที่ สิบห้า	31日	วันที่ สามสิบ เอ็ด
16日	วันที่ สิบหก		

(3) 数

1 (๑)	หนึ่ง	7 (๗)	เจ็ด
2 (๒)	สอง	8 (๘)	แปด
3 (๓)	สาม	9 (๙)	เก้า
4 (๔)	สี่	10 (๑๐)	สิบ
5 (๕)	ห้า	100 (๑๐๐)	ร้อย
6 (๖)	หก	1000 (๑๐๐๐)	พัน

(4) 曜日

月曜日	วันจันทร์
火曜日	วันอังคาร
水曜日	วันพุธ
木曜日	วันพฤหัส
金曜日	วันศุกร์
土曜日	วันเสาร์
日曜日	วันอาทิตย์

6. アラビア語

(1) 月（カッコの外はシリアやイラクでの，カッコの中はエジプトでの呼称）

1月（يناير） كانون الثاني	7月（يوليو） تموز
2月（فبراير） شباط	8月（اغسطس） آب
3月（مارس） اذار	9月（سبتمبر） أيلول
4月（ابريل） نيسان	10月（أكتوبر） تشرين الأول
5月（مايو） أيار	11月（نوفمبر） تشرين الثاني
6月（يوليو） حزيران	12月（ديسمبر） كانون الأول

(2) 日

1日 اليوم الأول	17日 اليوم السابع عشر
2日 اليوم الثاني	18日 اليوم الثامن عشر
3日 اليوم الثالث	19日 اليوم التاسع عشر
4日 اليوم الرابع	20日 اليوم العشرون
5日 اليوم الخامس	21日 اليوم الحادي و العشرون
6日 اليوم السادس	22日 اليوم الثاني و العشرون
7日 اليوم السابع	23日 اليوم الثالث و العشرون
8日 اليوم الثامن	24日 اليوم الرابع و العشرون
9日 اليوم التاسع	25日 اليوم الخامس و العشرون
10日 اليوم العاشر	26日 اليوم السادس و العشرون
11日 اليوم الحادي عشر	27日 اليوم السابع و العشرون
12日 اليوم الثاني عشر	28日 اليوم الثامن و العشرون
13日 اليوم الثالث عشر	29日 اليوم التاسع و العشرون
14日 اليوم الرابع عشر	30日 اليوم الثلاثون
15日 اليوم الخامس عشر	31日 اليوم الحادي و الثلاثون
16日 اليوم السادس عشر	

(3) 数（カッコ内は数字の読み）

1 ١ （واحد）	7 ٧ （سبعة）
2 ٢ （اثنان）	8 ٨ （ثمانية）
3 ٣ （ثلاثة）	9 ٩ （تسعة）
4 ٤ （اربعة）	10 ١٠ （عشرة）
5 ٥ （خمسة）	100 ١٠٠ （مائة）
6 ٦ （ستة）	1000 ١٠٠٠ （الف）

(4) 曜日

月曜日	يوم الاثنين
火曜日	يوم الثلاثاء
水曜日	يوم الأربعاء
木曜日	يوم الخميس
金曜日	يوم الجمعة
土曜日	يوم السبت
日曜日	يوم الأحد

7. ロシア語

(1) 月

1月	Январь	5月	Май	9月	Сентябрь
2月	Февраль	6月	Июнь	10月	Октябрь
3月	Март	7月	Июль	11月	Ноябрь
4月	Апрель	8月	Август	12月	Декабрь

(2) 日

1日	первое	17日	Семнадцатое
2日	Второе	18日	Восемнадцатое
3日	Третье	19日	Девятнадцатое
4日	Четвертое	20日	Двадцатое
5日	Пятое	21日	Двадцать первое
6日	шестое	22日	Двадцать второе
7日	Седьмое	23日	Двадцать третье
8日	Восьмое	24日	Двадцать четвертое
9日	Девятое	25日	Двадцать пятое
10日	Десятое	26日	Двадцать шестое
11日	Одиннадцатое	27日	Двадцать седьмое
12日	Двенадцатое	28日	Двадцать восьмое
13日	Тринадцатое	29日	Двадцать девятое
14日	Четырнадцатое	30日	Тридцатое
15日	Пятнадцатое	31日	Тридцать первое
16日	шестнадцатое		

(3) 数

1	один	7	семь
2	два	8	восемь
3	три	9	девять
4	четыре	10	десять
5	пять	100	сто
6	шесть	1000	тысяча

(4) 曜日

月曜日	понедельник
火曜日	вторник
水曜日	среда
木曜日	четверг
金曜日	пятница
土曜日	суббота
日曜日	воскресенье

8. ポルトガル語
(1) 月

1月	Janeiro	5月	Maio	9月	Setembro
2月	Feveiro	6月	Junho	10月	Outubro
3月	Março	7月	Julho	11月	Novembro
4月	Abril	8月	Agosto	12月	Dezembro

(2) 日

1日 dia primeiro	11日 dia onze	21日 dia vinte e um
2日 dia dois	12日 dia doze	22日 dia vinte e dois
3日 dia três	13日 dia treze	23日 dia vinte e três
4日 dia quatro	14日 dia quatorce	24日 dia vinte e quatro
5日 dia cinco	15日 dia quinze	25日 dia vinte e cinco
6日 dia seis	16日 dia dezesseis	26日 dia vinte e seis
7日 dia sete	17日 dia dezeseete	27日 dia vinte e sete
8日 dia oito	18日 dia dezoito	28日 dia vinte e oito
9日 dia nove	19日 dia dezenove	29日 dia vinte e nove
10日 dia dez	20日 dia vinte	30日 dia trinta
		31日 trinta e um

(3) 数

1 um	7 sete
2 dois	8 oito
3 três	9 nove
4 quatro	10 dez
5 cinco	100 cem
6 seis	1000 mil

(4) 曜日

月曜日 segunda-feira
火曜日 terça-feira
水曜日 quarta-feira
木曜日 quinta-feira
金曜日 sexta-feira
土曜日 sábado

9. スペイン語
(1) 月

1月	Enero	5月	Mayo	9月	Septiembre
2月	Febrero	6月	Junio	10月	Octubre
3月	Marzo	7月	Julio	11月	Noviembre
4月	Abril	8月	Agosto	12月	Diciembre

(2) 日

1日 Dia primero	11日 Dia once	21日 Dia veintiuno
2日 Dia dos	12日 Dia doce	22日 Dia veintidos
3日 Dia tres	13日 Dia trece	23日 Dia veintitres
4日 Dia cuatro	14日 Dia catorce	24日 Dia veinticuatro
5日 Dia cinco	15日 Dia quince	25日 Dia veinticinco
6日 Dia seis	16日 Dia dieciseis	26日 Dia veintiseis
7日 Dia siete	17日 Dia diecisiete	27日 Dia veintisiete
8日 Dia ocho	18日 Dia dieciocho	28日 Dia veintiocho
9日 Dia nueve	19日 Dia diecinueve	29日 Dia veintinueve
10日 Dia diez	20日 Dia veinte	30日 Dia treinta
		31日 Dia treinta y uno

(3) 数

1	uno	7	siete
2	dos	8	ocho
3	tres	9	nueve
4	cuatro	10	diez
5	cinco	100	cien
6	seis	1000	mil

(4) 曜日

月曜日	Lunes
火曜日	Martes
水曜日	Miercoles
木曜日	Jueves
金曜日	Viernes
土曜日	Sabado
日曜日	Domingo

※本項は群馬県立図書館編集の『図書館職員ハンドブック:外国人対応マニュアル』(1997年)を参考にしました。

6 エスニック・メディア

　在日外国人を対象に発行されている数多くのメディアから，アジア地区を中心に在住者の多い国々の言語のものを紹介します。英語については発行部数が比較的多い特徴的なもののみを載せました。
　なお，作成にあたっては，以下の資料を参考にしました。

○"Ethnic Media Guide"
　（http://www.asahi-net.or.jp/~cj7h-mrgc/EMG/）
○『エスニック・メディア・ガイド』森口秀志著　東京　ジャパンマシニスト社　1997
○『エスニック・メディア：多文化社会日本をめざして』白水繁彦編著　東京　明石書店　1996
○『雑誌新聞総かたろぐ』メディア・リサーチ・センター　東京　メディア・リサーチ・センター

1．韓国・朝鮮語
(1)"한국인생활정보"［韓国人生活情報］
○言語／韓国語　○月刊　○発行部数 30,000 部　○発行元／（株）剛一　〒169-0073 東京都新宿区百人町 1-1-4　T.K ビル 3F　Tel 03-5273-8821　Fax 03-5272-4837　E-mail: kangil@eagle.ocn.ne.jp　http://www.kangil.co.jp　○特徴／日本在住韓国人に対し，日本の文化行事，政治・経済分析，韓国・日本の関係分析，観光情報案内等を提供。
(2)"유루터기"［クルトギ］
○言語／韓国語，日本語　○月刊　○発行部数 30,000 部　○発行元／（有）シーアンドエス　〒169-0072 東京都新宿区大久保 1-11-1　大森ビル 4F　Tel 03-5272-8234　Fax 03-5272-8214　E-mail:

gurutogi@koreanbeat.co.jp　http://www.koreanbeat.co.jp/　○特徴／韓国や日本国内の最新ニュースや映画，音楽，スポーツ，行楽地，グルメ等の情報や，日韓間相互理解のための記事等を掲載。
(3)"월간 시나브로=月刊シナブロ"
○言語／韓国語（一部日本語）　○隔月刊　○発行部数30,000部　○発行元／(有)みらい通商　〒136-0071 東京都江東区亀戸5-17-13 ミハマビル1F　Tel 03-3638-2900　Fax 03-3638-2687　E-mail: sinaburo@korea-st.com　http://www.korea-st.com　○特徴／新来韓国人たちを対象に，日本の文化行事やイベント案内，ビザの相談記事，医療案内，各種電話番号案内，文化的記事等を掲載。
(4)"월간 신동경=Monthly magazine Shin Tokyo"［月刊新東京］
○言語／韓国語　○月刊　○発行部数35,000部　○発行元／(株)YG（ワイジー）　〒160-0021 東京都新宿区歌舞伎町2-42-16 第二大滝ビル6階AB室　Tel 03-5272-3425　Fax 03-5272-3426　E-mail:yg@shindongkyung.com　http://www.shindongkyung.com/　○特徴／政治・経済などのニュースから女性のための美容・料理などの情報，また日本の観光名所案内などを掲載している。

2. 中国語
(1) 台湾報　Taiwan Times
○言語／中国語，日本語　○月刊　○発行部数50,000部　○発行元／(株)ニューコム　〒169-0051 東京都新宿区西早稲田3-17-20 大伸第一ビル6F　Tel 03-5272-1911　Fax 03-5272-8965　E-mail: lan@newcom.or.jp　http://www.newcom.or.jp　○特徴／台湾の政府機関，企業，諸団体からの情報や企業紹介，ビジネス紹介，また在日華僑・留学生等に必要な住居，生活，教育，福祉，医療および娯楽などの多岐にわたる情報を提供。
(2) チャイニーズ・ドラゴン（週刊中国巨龍）
○言語／日本語（一部中国語）　○週刊　○発行部数116,000部　○発行元／(株)チャイニーズ・ドラゴン新報社　〒108-0014 東

京都港区芝4-13-4　藤島ビル3F　Tel 03-3453-3250　Fax 03-3453-3255　E-mail:info@chinesedragon.co.jp　http://www.chinesedragon.co.jp/　○特徴／中国を取り巻く社会情勢,経済政策について,また,中国や日本の企業の動向などの中国情報を伝える。
(3) 中華時報
○言語／中国語,日本語　○隔週刊　○発行部数50,000部　○発行元／中華時報　〒170-0005 東京都豊島区南大塚3-40-8　大塚TOビル3F　Tel 03-3988-3746　Fax 03-3590-5688　○特徴／在日華人情報,国内外ニュース,中国語・日本語講座,生活情報等の情報を掲載。
(4) 中文導報 (CHINESE REVIEW WEEKLY)
○言語／中国語　○週刊　○発行部数80,000部　○発行元／中文産業(株)　〒141-0031 東京都品川区西五反田7-13-6　Tel 03-5434-3188　Fax 03-5434-3022　E-mail:sendmail@chubun.co.jp　http://www.chubun.com/　○特徴／政治,社会,経済,生活情報など,あらゆる情報を網羅する総合新聞。
(5) 東方時報
○言語／中国語　○週刊　○発行部数160,000部　○発行元／(株)東方インターナショナル　〒170-0005 東京都豊島区南大塚2-25-15　リクルート新大塚ビル4F　Tel 03-5977-2705　Fax 03-5977-2706　E-mail:toho.times@toho-jp.com　http://www.toho-jp.com/　○特徴／中国あるいは日本等からの現地レポートや日中の政治家,実業家等のインタビュー,時事評論,生活,旅行等を掲載。
(6) 留学生新聞
○言語／中国語,日本語　○隔週刊　○発行部数50,000部　○発行元／(株)アジア・パシフィック・コミュニケーションズ　〒150-0031 東京都渋谷区桜丘町22-20　シャトーポレール201　Tel 03-5458-4173　Fax 03-5458-4175　E-mail:ed.apcom@dream.com　http://plaza13.mbn.or.jp/~apcom/　○特徴／中国,台湾,香港からの最新情報と日本国内の留学生にかかわる問題を中心に取り上げて

いる。人物インタビュー，故郷紹介，時事評論，留学生広場，イベントなどの情報を掲載している。
(7) 中日新報
○言語／中国語, 日本語　○月刊　○発行部数50,000部　○発行元／(株)中日新報新聞社　〒550-0006 大阪府大阪市西区江之子島1-7-3 奥内阿波座駅前ビル7F-12号　Tel 06-6443-1689　Fax 06-6443-1685　○特徴／中国語面は経済, 情報, 文化交流, 留学生の4部構成で，中国に対して日本経済, 文化, 留学生の生活などを紹介。日本語面では中国経済の発展, 投資環境, 古代・現代文化紹介, 在中の日本人留学生の生活などを紹介している。

3. ヴェトナム語

(1) ティエン・ヴォン・クェー・フゥオン（故郷の響き声）
○言語／ヴェトナム語, 日本語　○不定期刊　○発行部数2,000部　○発行元／故郷の響き声編集室　〒212-0053 神奈川県川崎市幸区下平間143-14　Tel 044-522-0066　Fax 044-522-6834　○特徴／ヴェトナムの歴史と文化を伝える一方で，若いヴェトナム人二世たちの声も紹介。定住ヴェトナム人の一世と二世のギャップを埋めたいとの意図で創刊された。

4. ビルマ語（ミャンマー語）

(1) シュウェ・バマー（Shwe Bamar）
○言語／ビルマ語, 日本語　○月刊　○発行部数20,000部　○発行元／(株)ニューコム（連絡先は前述『台湾報』に記載あり）○特徴／ビルマおよび日本の政治, 経済, ビジネス情報の提供, 相互交流の促進のための記事, 企業紹介, ビジネス紹介, 在日ビルマ人の生活情報（住居・教育・福祉・医療等）等の記事を掲載。

5. タイ語
(1) スーマイ・タイムズ (SUMAI TIMES)
○言語／タイ語, 日本語　○月刊　○発行部数41,000部　○発行元／(株)ニューコム（連絡先は前述『台湾報』に記載あり）
○特徴／在日タイ人に対して日本社会の経済・ビジネス・社会情勢, 生活情報（観光・医療・福祉・教育等）等の記事を掲載している。また, 日本人向けにタイ料理を紹介するコーナーもある。

6. マレーシア語
(1) マレーシア・タイムズ (Malaysia Times)
○言語／中国語, マレー語, 日本語　○月刊　○発行部数21,000部　○発行元／(株)ニューコム（連絡先は前述『台湾報』に記載あり）○特徴／東南アジア各国の政府機関, 企業, 諸団体発の情報や, 在日マレーシア人生活情報等を掲載している。

7. インドネシア語
(1) メディア・ヌアンサ・インドネシア (MEDIA NUANSA INDONESIA)
○言語／インドネシア語, 日本語　○月刊　○発行部数31,000部　○発行元／(株)ニューコム（連絡先は前述『台湾報』に記載あり）
○コメント／インドネシアおよび日本の政治・経済・ビジネス・社会情報や, 在日インドネシア人に対する生活情報の提供などを行っている。

8. タガログ語
(1) カイビガン (KAIBIGAN)
○言語／タガログ語, 日本語, 英語　○月刊　○発行部数59,000部　○発行元／(株)ニューコム（連絡先は前述『台湾報』に記載あり）○特徴／在日フィリピン人への生活情報（日本社会の約束事の紹介, 法律相談, 国際結婚をした人々の本音トーク, 日本語

学習に関する情報, 医療情報, 宗教情報, イベント情報等）や, フィリピン・日本の最新ニュース等を掲載。
(2) フィリピンズ・トゥデー（PHILIPPINES TODAY）
○言語／タガログ語, 英語　○月刊　○発行部数10,000部　○発行元／（有）ユニットワーク　〒605-0005 茨城県つくば市天久保1-5-3　Tel 0298-56-8119　Fax 0298-52-4127　http://www.philippinestoday.net/　○特徴／在日フィリピン人が必要とする生活情報, 政治経済, 芸能, スポーツ, 観光記事, 社説など。

9. 英語
(1) ザ・イースト（THE EAST）
○言語／英語　○隔月刊　○発行部数60,000部　○発行元／（株）ザ・イースト・パブリケイション　〒106-0032 東京都港区六本木3-4-27　かすがマンション六本木200号室　Tel 03-3224-3751　Fax 03-3224-3754　E-mail:oshima@theeast.co.jp　http://www.theeast.or.jp　○特徴／広範にわたって…ビジネス, 経済, 社会, 歴史, 文学, 美術, 風俗習慣等…日本を紹介。
(2) ひらがなタイムズ（HIRAGANA TIMES）
○言語／日本語（ルビつき）, 英語　○月刊　○発行部数136,000部　○発行元／（株）ヤック企画　〒160-0022 東京都新宿区新宿5-10-10　エビサワビル3F　Tel 03-3341-8989　Fax 03-3341-8987　E-mail:info@hiraganatimes.com.jp　http://www.hiraganatimes.com/　○特徴／在日外国人にかかわるさまざまなレポート, 調査をはじめ, 投稿ページ, 読者の交流, イベント情報などを掲載。

10. スペイン語
(1) ザ・ニュー・オブザーバー（THE NEW OBSERVER）
○言語／英語, 日本語, スペイン語　○月刊　○発行部数800部　○発行元／全国一般労働組合東京南部　〒105-0004 東京都港区新橋5-17-7　小林ビル2階　Tel 03-3434-0669　Fax 03-3433-0334

E-mail:nugw_ts@jca.apc.org　○特徴／在日外国人と外国人労働者に政治的，文化的活動に関する独自の情報を提供。
(2) メルカド・ラティノ（MERCADO LATINO）
○言語／スペイン語，ポルトガル語，日本語　○月刊　○発行部数12,000部　○発行元／メルカド・ラティノ　〒550-0002 大阪府大阪市西区江戸堀1-25-29　江戸堀KNビル902　Tel 06-6448-8340　Fax 06-6448-0224　E-mail:info@mercadolatino.net　http://www.mercadolatino.net/　○特徴／求人やお店の紹介を含め，関西での生活情報を掲載。

11. ポルトガル語
(1) インターナショナル・プレス（INTERNATIONAL PRESS）
○言語／ポルトガル語，スペイン語　○週刊　○発行部数 55,000部　○発行元／株式会社インターナショナルプレスジャパン　〒140-0011 東京都品川区東大井5-14-16　IPCビル　Tel 03-3471-3030　Fax 03-3471-6930　http://www.ipcdigital.com/jp/　○特徴／ブラジルの通信社を通じ政治，経済，社会，スポーツ，生活などの記事を掲載する一方，日本国内のニュースも掲載している。
(2) ジャーナル・トードベン（JORNAL TUDO BEM）
○言語／ポルトガル語　○週刊　○発行部数40,000部　○発行元／（株）ジェー・ビー・コミュニケーション　〒113-0021 東京都文京区本駒込5-67-9-103　Tel 03-5685-6891　Fax 03-5685-6894　E-mail: redacao@jbcweb.com　http://www.tudobem.co.jp/　○特徴／在日ブラジル人を対象に，ブラジル，日本，世界の幅広い情報…政治経済，スポーツ等…を掲載。主に在日ブラジル人の日常にかかわること，特に労働に関する話題（労働法，求人，権利，義務等）に焦点を置く。

7 書店リスト(言語別)

　図書館で多文化サービスを行う際,選書などに役立つ言語別のリストです。こうした書店のほかに,ビデオや雑誌などは,各国の食糧や雑貨を売っている店で買うこともできます。それぞれの地域のエスニック・スポットに積極的に足を運ぶことをおすすめします。
　なお,作成にあたっては,以下の資料を参考にしました。
○各書店のインターネット・サーチエンジン
○東京ブックマップ編集委員会『東京ブックマップ　東京23区書店・図書館徹底ガイド(2003-2004年版)』書籍情報社, 2003.

■アジア,アフリカ,ラテンアメリカ総合

・神奈川共同出版販売

　〒221-0834 神奈川県横浜市神奈川区台町16-1-604

　Tel 045-314-2920　Fax 045-312-1930

・穂高書店

　http://www.hotakabooks.com/index.html

　〒101-0051 東京都千代田区神田神保町1-15　杉山ビル4F

　Tel 03-3233-0331　Fax 03-3233-0332

　E-mail: info@hotakabooks.com

・洋書ビブリオ

　http://www.7.ocn.ne.jp/~biblo/

　〒101-0061 東京都千代田区三崎町2-2-12　エコービル

　Tel 03-3263-7189　Fax 03-3263-7180

・アジア文庫

　http://www.asiabunko.com/

　〒101-0051 東京都千代田区神田神保町1-15　内山ビル5階

　Tel 03-3259-7530　Fax 03-3259-7532

　E-mail: info@asiabunko.com

■ヨーロッパ言語等総合
・紀伊國屋書店

　　　http://www.kinokuniya.co.jp/

　　　〒163-8636 東京都新宿区新宿3-17-7

　　　Tel 03-3354-0131　Fax 03-3354-0275

　　　E-mail: info@kinokuniya.co.jp

　　　※各店舗の連絡先は,

　　　　http://www.kinokuniya.co.jp/04f/ をご覧ください

・丸善

　　　http://www.maruzen.co.jp/

　　　〒100-8023 東京都千代田区丸の内1-6-4　丸の内オアゾ（OAZO）内　丸の内ホテル・商業施設1〜4F

　　　Tel 03-5288-8881

　　　E-mail: e-shop@maruzen.co.jp

　　　※各店舗の連絡先は,

　　　　http://www.maruzen.co.jp/home/tenpo/index.html をご覧ください

・極東書店

　　　http://www.kyokuto-bk.co.jp/

　　　本社　〒101-8672 東京都千代田区神田神保町2-12　安富ビル

　　　　　Tel 03-3265-7531　Fax 03-3265-9370

　　　　　E-mail: tokyo@kyokuto-bk.co.jp

　　　大阪営業所, 京都営業所, 福岡営業所あり

　　　※各店舗の連絡先は, ホームページをご覧ください

■韓国・朝鮮語
・高麗書林（こましょりん）

　　　http://www.komabook.co.jp/

　　　〒101-0061 東京都千代田区三崎町3-4-8　山田ビル2F

　　　Tel 03-3262-6801　Fax 03-3262-6878

　　　E-mail: komabook@komabook.co.jp

・三中堂
    〒101-0051 東京都千代田区神田神保町 1-22　高橋ビル 3F
    Tel 03-3294-1331　Fax 03-3294-1332
・コリアブックセンター
    http://www.krbook.net/
    〒112-8603 東京都文京区白山 4-33-14　朝鮮出版会館ビル 1 階
    Tel 03-3813-9725　Fax 03-3813-7522
    E-mail: info@krbook.net
・神奈川共同出版販売
    〒221-0834 神奈川県横浜市神奈川区台町 16-1-604
    Tel 045-314-2920　Fax 045-312-1930
・ソウル書林
    〒543-0026 大阪府大阪市天王寺区東上町 4-18
    Tel 06-6772-0675
・レインボー通商
    http://www.rainbow-trading.co.jp/
    〒101-0051 東京都千代田区神田神保町 2-12　石井ビル 2F
    Tel/Fax 03-3239-8887
    E-mail: webmaster@rainbow-trading.co.jp
    ※朝鮮民主主義人民共和国関係，中国朝鮮族関係図書
・韓国広場（コリアプラザ）
    http://www.kankokuhiroba.co.jp/
    〒160-0021 東京都新宿区歌舞伎町 2-31-11
    Tel 03-3232-5511　Fax 03-3232-5514
    E-mail: info@kankokuhiroba.co.jp
・ハニル堂
    http://www.hanildoh.com
    E-mail: webmaster@hanildoh.com
    ※韓国漫画専門店　通販のみ，店舗なし

■中国語

※中国語書店については，各書店ごとに，出版地（大陸・台湾・香港など）や新刊書・古書等，品揃えがかなり異なります。ここでは，代表的な書店を紹介しますが，下記データベースなども参考にしてください。

○リンク集・ディレクトリ

・中国書籍店データベース

http://www.shuiren.org/books/index-j.html

※店舗情報やコメントも充実した中国語の書籍店の網羅的なデータベース。

・aiai CHINA 中国書籍専門店

http://www.china.co.jp/main_html/shop_html/bookstore.html

・人民日報　中国語専門書店　案内

http://j.peopledaily.com.cn/info/book/

○各書店

・東方書店

http://www.toho-shoten.co.jp/index2.html

東方書店業務センター（電話での問い合わせはこちらへ）

〒175-0082 東京都板橋区高島平1-10-2

Tel 03-3937-0300　Fax 03-3937-0955

E-mail: tokyo@toho-shoten.co.jp

東方書店東京本社店舗

〒101-0051 東京都千代田区神田神保町1-3

Tel 03-3294-1001　Fax 03-3294-1003

東方書店関西支社

〒564-0063 大阪府吹田市江坂町2-6-1

Tel 06-6337-4760　Fax 06-6337-4762

E-mail: kansai@toho-shoten.co.jp

- 亜東書店
    - http://www.ato-shoten.co.jp/
    - 亜東書店業務センター
        - 〒110-0015 東京都台東区東上野 2-18-7　共同ビル 1F
        - Tel 03-3835-7091　Fax 03-3835-7098
        - E-mail: order@ato-shoten.co.jp
    - 亜東書店東京店
        - 〒101-0054 東京都千代田区神田錦町 1-4　日中友好会館 1F
        - Tel 03-3291-9731　Fax 03-3291-9770
        - E-mail: mise@ato-shoten.co.jp
    - 亜東書店名古屋店
        - 〒466-0825 愛知県名古屋市昭和区八事本町 100-32　八事ビル 1F
        - Tel 052-836-2880　Fax 052-836-2883
        - E-mail: nagoya@ato-shoten.co.jp
- 内山書店
    - http://www11.ocn.ne.jp/~ubook/
    - 〒101-0051 東京都千代田区神田神保町 1-15
    - Tel 03-3294-0671　Fax 03-3294-0417
    - E-mail: ubook@titan.ocn.ne.jp
- 神奈川共同出版販売
    - 〒221-0834 神奈川県横浜市神奈川区台町 16-1-604
    - Tel 045-314-2920　Fax 045-312-1930
- 上海学術書店
    - http://www.shanghaibook.co.jp/
    - 〒176-0021 東京都練馬区貫井 1-35-3
    - Tel 03-3998-1676　Fax 03-3998-6036
    - E-mail: sabcojpn@mxh.mesh.ne.jp
- 琳琅閣書店
    - http://www.rinrokaku.jp/index.html
    - 〒113-0033 東京都文京区本郷 7-2-4

　　　　Tel 03-3811-6555　　Fax 03-3818-2803
　　　　E-mail: kosho@rinrokaku.co.jp
・中華書店
　　　　http://www.chuka-shoten.co.jp/
　　　　〒101-0051　東京都千代田区神田神保町2-20-6
　　　　Tel 03-3515-6662　　Fax 03-3515-6669
　　　　E-mail: chinabook@chuka-shoten.co.jp
　　　中華書店北海道支店
　　　　〒062-0908　北海道札幌市豊平区豊平8条11丁目　第2ユーカラハイツ111号
　　　　Tel 011-842-9166　　Fax 011-823-6380
　　　中華書店神戸分店
　　　　〒654-0071　兵庫県神戸市須磨区須磨寺町1-11-16
　　　　Tel 078-731-0528
・中文書店（中文産業株式会社）
　　　　〒171-0021　東京都豊島区西池袋1-29-5　山手ビル5階
　　　　Tel 03-3984-5092　　Fax 03-5951-8145
　　　中文書店（中文産業株式会社関西支社）
　　　　〒541-0054　大阪府大阪市中央区南本町2丁目2-3　堺筋ビル8階
　　　　Tel 06-6266-9403　　Fax 06-6266-9419
・燎原書店
　　　　http://www10.ocn.ne.jp/~ryogen/frame.html
　　　　〒101-0051　東京都千代田区神田神保町1-12
　　　　Tel 03-3294-3445　　Fax 03-3294-3477
　　　燎原書店名古屋店
　　　　〒464-0819　愛知県名古屋市千種区四谷通3-6
　　　　Tel/Fax 052-782-7908
・海風書店
　　　　http://www.hf.rim.or.jp/~links/shop/
　　　　〒101-0051　東京都千代田区神田神保町1-56

Tel 03-3291-4344　　Fax 03-3291-4345

　　　E-mail: kaifu@primework.net

・山本書店

　　　http://www.book-kanda.or.jp/kosyo/1083/1083-01.htm

　　　〒101-0051 東京都千代田区神田神保町2-7

　　　Tel 03-3261-0847　　Fax 03-3261-6276

・東豊書店

　　　〒151-0053 東京都渋谷区代々木1丁目35番1号　代々木会館3階

　　　Tel 03-3370-6769

・六一書房

　　　http://www.book61.co.jp/

　　　〒101-0064 東京都千代田区猿楽町1-7-1　高橋ビル1階

　　　Tel 03-5281-6161　　Fax 03-5281-6160

　　　E-mail: info@book61.co.jp

・草沁苑

　　　http://caoqin.web.infoseek.co.jp/mail.htm

　　　〒299-0114 千葉県市原市泉台4丁目22-5

　　　Tel/Fax 0436-66-6633

　　　E-mail: bxi07206@nifty.ne.jp

・崑崙書房

　　　〒464-0806 愛知県名古屋市千種区唐山町3-5　東山ハイホーム1階

　　　Tel/Fax 052-784-1161

・朋友書店

　　　〒606-8311 京都府京都市左京区吉田神楽岡町8番地

　　　Tel 075-761-1285　　Fax 075-761-8150

　　　E-mail: hoyubook@mbox.kyoto-inet.or.jp

・中文出版社

　　　http://www.chinesebook.co.jp/

　　　〒606-8225 京都府京都市左京区田中門前町91

　　　Tel 075-701-2898　　Fax 075-702-4877

        E-mail: sales@chinesebook.co.jp
・チャイナセンター（中華中心）
        http://www.chicen.co.jp/
        〒545-0051 大阪府大阪市阿倍野区旭町 2-1-1-132（あべのマルシェ内）
        Tel 06-6647-8100（代表） 通販専用 06-6647-8090
        Fax 06-6447-8085
        E-mail: chicen@chicen.co.jp
        ※芸能・娯楽，CD，ビデオなど
・中国書店（福岡）
        http://www.cbshop.net/
        〒812-0035 福岡県福岡市博多区中呉服町 5-23
        Tel 092-271-3767　Fax 092-272-2946
        E-mail: info@cbshop.ne
・北九州中国書店
        http://www.chugoku-shoten.com/（三月書房と共通）
        〒800-0257 福岡県北九州市小倉南区湯川 4 丁目 2-19
        Tel/Fax 093-921-6570（夜間・休日は Fax 専用）
        E-mail: kitakyushu@chugoku-shoten.com
・三月（やよい）書房
        http://www.chugoku-shoten.com/（北九州中国書店と共通）
        〒812-0053 福岡県福岡市東区箱崎 6 丁目 14-1
        Tel/Fax 092-651-8853（Fax は営業時間中のみ）
        E-mail: yayoi@chugoku-shoten.com
・熊本中国書店
        〒860-0862 熊本県熊本市黒髪 5 丁目 15-3
        Tel 096-343-4774　Fax 096-343-9960
・フリラックス書虫（フリラックス スウツオン）
        http://www.frelax.com/sc/　ウェブサイト：書虫（しょむし）
        〒181-0003 東京都三鷹市北野 4-16-25-202

Tel 0422-46-1970
E-mail: scinfo@frelax.com
※ネット書店

■ヴェトナム語
・メコン・センター

http://www.mmjp.or.jp/mekongcenter/

トップページは英語ですが，ヴェトナム語，日本語，英語の表示を選択できます。ただし，内容のほとんどはヴェトナム語で，日本語・英語は一部のみです。

〒140-0014 東京都品川区大井 1-11-4　小川屋ビル 2F&3F

Tel/Fax 03-5742-2168（平日）　Tel/Fax 03-3799-1763（休日）

E-mail: mekongcenter@asahi-net.or.jp

・レロイ書店

http://www.nsleloi.co.jp/

〒658-0032 兵庫県神戸市東灘区向洋町中 6-6-613-1121

Tel 078-858-2445　Fax 078-858-2479

E-mail: service@nsleloi.co.jp

（注意：通販専門店です。店舗はありません）

■アラビア語
・ナガラ図書株式会社

〒113-0033 東京都文京区本郷 4-37-13　漆原ビル 706

http://www.nagara-books.co.jp/

Tel 03-3812-6679　Fax 03-3812-6918

E-mail: info@nagara-books.co.jp

※中東，南アジア，中央アジアの書籍

・穂高書店

http://www.hotakabooks.com/index.html

〒101-0051 東京都千代田区神田神保町 1-15　杉山ビル 4F

Tel 03-3233-0331　Fax 03-3233-0332

E-mail: info@hotakabooks.com

・洋書ビブリオ
 〒101-0061 東京都千代田区三崎町2-2-12　エコービル
 Tel 03-3263-7189　Fax 03-3263-7180
 ※アジア諸言語の書籍

■ロシア語
・ナウカ
 http://www.nauka.co.jp/
 〒171-8551 東京都豊島区南池袋2-30-19
 Tel 03-3981-5261　Fax 03-3981-5361
 E-mail: tokyo@nauka.co.jp
 ※札幌，名古屋，京都，大阪，福岡，神保町に営業所があります。
・株式会社　日ソ
 http://www.nisso.net/
 〒113-0033 東京都文京区本郷4-1-7　近江屋第2ビル6F
 Tel 03-3811-6481　Fax 03-3811-5160
 E-mail: nisso@nisso.net
 日ソ大阪営業所
  〒532-0011　大阪府大阪市淀川区西中島4-6-29　第3ユヤマビル7F
 Tel 06-6309-2120　Fax 06-6309-2414
 E-mail: osaka@nisso.net

■ドイツ語
・郁文堂
 http://www.ikubundo.com/
 〒113-0033 東京都文京区本郷5-30-21
 Tel 03-3814-5571　Fax 03-3814-5576
 E-mail: webmaster@ikubundo.com
・ゲーテ書房
 http://www.goethebook.co.jp/
 〒100-0005 東京都千代田区丸の内2-4-1　丸ビル1110

　　　　Tel 03-3211-8481　Fax 03-3215-3739
　　　　E-mail: goethebk@blue.ocn.ne.jp
　・ABCエンタープライズ
　　　　http://home.inter.net/abc/index.html
　　　　〒100-0005 東京都港区虎ノ門4-1-11　フキデ・ハイツ#305
　　　　Tel 03-5404-7351　Fax 03-5404-7352
　　　　E-mail: abc@inter.net
　　　　（注意：店舗はありません）
　・エルベ書店
　　　　〒102-0071 東京都千代田区富士見2-2-14　森山ビル
　　　　Tel/Fax 03-3261-4928
　　　　E-mail: elbebook@nyc.odn.ne.jp
　　　　（注意：店舗はありません）

■フランス語
　・フランス図書
　　　　http://www.francetosho.com/
　　　　〒160-0023 東京都新宿区西新宿1-12-9
　　　　Tel 03-3346-0396　Fax 03-3446-9154
　　　　E-mail: frbooks@sepia.ocn.ne.jp
　・欧明社
　　　　http://www.h6.dion.ne.jp/~omeisha/
　　　　〒102-0071 東京都千代田区富士見2-3-4
　　　　Tel 03-3262-7276　Fax 03-3230-2517
　　　　E-mail: omeisha@r4.dion.ne.jp
　　　　※日仏学院，アテネフランセにも出店しています

■イタリア語
　・イタリア書房
　　　　http://italiashobo.com/　（携帯からもアクセス可能）
　　　　〒101-0051 東京都千代田区神田神保町2-23
　　　　Tel 03-3262-1656　Fax 03-3234-6469

E-mail: hqm01271@nifty.ne.jp
- 文流

    http://www.bunryu.co.jp/

    〒169-0075 東京都新宿区高田馬場1-33-6　平和相互ビル内

    Tel 03-3208-5445　Fax 03-3208-5863

    E-mail: book@bunryu.co.jp（洋書部）

■スペイン語

- インタースペイン（旧マナンティアル書店）

    http://www.interspain.jp/index-j.html（日本語）

    http://www.interspain.jp/index-e.html（スペイン語）

    〒152-0035 東京都渋谷区神南1-20-7　川原ビル6F

    Tel 03-5784-3221　Fax 03-5784-3222

    Tel 03-5784-3223　Fax 03-5784-3224（書店用）

    E-mail: libreria@interspain.jp

- イタリア書房

    http://italiashobo.com/　（携帯からもアクセス可能）

    〒101-0051 東京都千代田区神田神保町2-23

    Tel 03-3262-1656　Fax 03-3234-6469

    E-mail: hqm01271@nifty.ne.jp

- スペイン書房

    http://www.spainshobo.com/

    〒981-0501 宮城県桃生郡矢本町赤井字南栄町5-4

    Tel 0225-84-1280　Fax 0225-84-1283

    フリーダイヤル　Tel 0120-77-0485　Fax 0120-0485-44

    E-mail: info@spainshobo.com

- La Tercera

    http://www2.odn.ne.jp/~cao05240/tercera/

    〒663-8104 兵庫県西宮市天道町24-4

    Tel 0798-64-2165　Fax 0798-64-7425

    E-mail: tercera@pop02.odn.ne.jp

■ポルトガル語
・イタリア書房
　　　　http://italiashobo.com/　（携帯からもアクセス可能）
　　　　〒101-0051 東京都千代田区神田神保町2-23
　　　　Tel 03-3262-1656　Fax 03-3234-6469
　　　　E-mail: hqm01271@nifty.ne.jp
・スペイン書房
　　　　http://www.spainshobo.com/
　　　　〒981-0501 宮城県桃生郡矢本町赤井字南栄町5-4
　　　　Tel 0225-84-1280　Fax 0225-84-1283
　　　　フリーダイヤル　Tel 0120-77-0485　Fax 0120-0485-44
　　　　E-mail: info@spainshobo.com

付録

付録1　基本参考文献

A. 図書館に関する宣言，ガイドライン等

■第52回国際図書館連盟東京大会多文化社会図書館サービス分科会および全体会議決議　1986年8月29日

A　アジアセンター21（アジア図書館・大阪アジア会館設立準備会）は，アジア諸国の文化を一般に広め，アジア文化に関する資料を提供するという非常に画期的で重要な活動を進めているが，現段階ではその運動は完全にボランティアに支えられており，国や地方自治体からは何の財政援助も受けていない。アジアセンター21の目的は，日本人にアジアの人々の芸術・文化・生活様式を紹介し，それらに触れる場所を提供し，アジアの文化・文学を再発見し再確認するための材料を収集することにある。

現在，大阪府・大阪市・大阪市教育委員会・朝日新聞社他が，すでに催しものの講演を行ないつつある。このアジアセンター21の活動を維持し，アジア図書館が必要とする海外の資料や書籍を確保し，今行なわれている様々な計画を推進させるため，われわれ多文化社会図書館サービス分科会は，日本の外務省に物心両面の援助を要請することを決議する。そうすることで，センターの日本とアジアの人々を結ぶ運動を促進し，ますます必要となってくる資料収集活動を推し進め，在日のアジアの人々の文化再生をはかるころが出来ると信じる。

B　韓国・朝鮮系と中国系を中心とする在日の文化的マイノリティ（少数派）が相当数いるにもかかわらず，彼らのための適当な図書館資料や図書館サービスが，特に公共図書館において欠けていることを認識させられた。さらにこのギャップを埋める為に，募金や私的なグループの助けだけで，マイノリティの図書館及び文化センターを作ろうと努力を続けている熱心なボランティアが

いることに感銘をうけた。

　我々は，国会・国立国会図書館・文部省そして図書館サービスに責任のある地方自治体に対して（社）日本図書館協会と協力し，マイノリティが必要とする情報や資料は何かを調査することを要請する。そして，その調査に基づいて解決の道を提示すること，また必要な物心両面の援助の為の勧告を出して，公共図書館の専門的な事業や，アジアセンター21によって既に始められているような特別な文化活動に協力していくことを要請する。これによってはじめてマイノリティが，図書館や文化的サービスを日本人と同様，適当な言葉と設備を使って享受できるようになるのである。

Journal of Multicultural Librarianship（Vol.1 No.2　November 1986）の日本語記録より

■多文化コミュニティ：図書館サービスのためのガイドライン 1998
　編者　国際図書館連盟　多文化社会図書館サービス分科会
　日本語編訳　深井耀子・田口瑛子『IFLA多文化社会図書館サービス』多文化サービス・ネットワーク発行　2002年

■ユネスコ公共図書館宣言　1994年（抄）
　UNESCO Public Library Manifesto 1994（1994年11月　採択／原文：英語）日本語訳：『図書館雑誌』89(4):p.254-255
公共図書館
（中略）
　公共図書館のサービスは，年齢，人種，性別，宗教，国籍，言語，あるいは社会的身分を問わず，すべての人が平等に利用できるという原則に基づいて提供される。理由は何であれ，通常のサービスや資料の利用ができない人々，たとえば言語上の少数グループ（マイノリティ），障害者，あるいは入院患者や受刑者に対しては，特別なサービスと資料が提供されなければならない。

公共図書館の使命
（中略）
7. 異文化間の交流を助長し，多様な文化が存立できるようにする。

■図書館の自由に関する宣言　1979年改訂
　日本図書館協会　1954年採択（1979年改訂）（抄）
［前文］
5. すべての国民は，図書館利用に公平な権利をもっており，人種，信条，性別，年齢やそのおかれている条件等によっていかなる差別もあってはならない。外国人にも，その権利は保障される。
［解説］（第2版　2004年）
　公平な権利　図書館を利用する権利は，日本国民のみならず日本に居住する外国人にも補償されるというのが，第5項後段の趣旨である。さらには，国際的な図書館協力を通じて，日本国外にいる人びとにもその権利が保障されるべきことは，先に述べた国際人権規約の趣旨からみても当然である。従って，宣言本文および解説文等に「国民」とのみ書かれているところも，そのように意識して読む必要がある。

■『公立図書館の任務と目標　解説　改訂版』（抄）　2004
　日本図書館協会図書館政策特別委員会
22　アイヌ等少数民族並びに在日朝鮮・韓国人その他の在日外国人にとって，それぞれの民族文化，伝統の継承，教育，その人びとが常用する言語による日常生活上の情報・資料の入手は重要である。図書館は，これらの人びとへの有効なサービスを行う。
［解説］
　多文化サービス　日本の在住外国人数は年々増加しており，またその国籍別構成も1990年頃までの韓国・朝鮮籍と中国籍で全体

の9割以上を占める状況から,日系南米人や東南アジア諸国からの住民数が上位を占める傾向へと変化してきている。外国籍住民をめぐる状況は今後も変化していくと考えられるが,こうした変化の中で今後も変わらずに図書館に求められるのは,国際図書館連盟(IFLA)の多文化サービスガイドラインが指摘する「民族的・言語的・文化的(に多様な)住民」のニーズに即した資料提供の機能である。

日本国籍をもたない住民もまた図書館サービスの当然の対象となる地域住民であり,彼らが地域住民として暮らしていく上で,地域の生活情報はもちろん,職業人として,また社会人として必要な情報は,娯楽的なコンテンツも含めて欠かすことはできない。そうした情報を自らが読める(あるいはより読みやすい)言語媒体で望むことは人としての根元的な要望であり,それに応えることもまた公立図書館の重要なはたらきである。

また多文化サービスは,外国からきた住民(外国籍住民)に対するだけではなく,日本人(ホスト社会の構成員)をもサービス対象とする。資料提供や行事を通じて諸外国や外国籍住民についての情報を提供し,多文化な地域の状況の中に暮らす住民の判断材料とすることも多文化サービスの重要なはたらきの一つである。

なお言語的に多様な住民の図書館利用を促進するためにも,地域に住む外国籍住民の使用言語による利用案内を作成,配布することは大切である。

■公立図書館の設置及び運営上の望ましい基準(抄)
(平成12年12月8日　生涯学習審議会図書館専門委員会)
(4) 利用者に応じた図書館サービス
　⑤　地域に在留する外国人等に対するサービスの充実に資するため,外国語資料の収集・提供,利用案内やレファレンス・サービス等に努めるものとする。

B. 国際法，宣言等

■世界人権宣言（1948年　国際連合総会採択）（外務省・仮訳）（抄）
第19条
　すべて人は，意見及び表現の自由に対する権利を有する。この権利は，干渉を受けることなく自己の意見をもつ自由並びにあらゆる手段により，また，国境を越えると否とにかかわりなく，情報及び思想を求め，受け，及び伝える自由を含む。

■市民的及び政治的権利に関する国際規約（国際人権規約Ｂ規約）（1966年国際連合総会採択）（抄）
第27条
　種族的，宗教的又は言語的少数民族が存在する国において，当該少数民族に属する者は，その集団の他の構成員とともに自己の文化を享有し，自己の宗教を信仰しかつ実践し又は自己の言語を使用する権利を否定されない。

C. 国内法

■地方自治法（昭和22年4月17日法律第67号）（抄）
第10条　市町村の区域内に住所を有する者は，当該市町村及びこれを包括する都道府県の住民とする。
2　住民は，法律の定めるところにより，その属する普通地方公共団体の役務の提供をひとしく受ける権利を有し，その負担を分任する義務を負う。

D. 国内外国人に関する宣言等

■外国人集住都市会議「浜松宣言」および「提言」（抄）（2001.10.19）
「地域共生」についての浜松宣言
　ニューカマーと呼ばれる南米日系人を中心とする外国人住民が

多数居住している私たち13都市は，日本人住民と外国人住民との地域共生を強く願うとともに，地域で顕在化しつつある様々な課題の解決に積極的に取り組むことを目的として，この外国人集住都市会議を設立した。

　グローバリゼーションや少子高齢化が進展するなかで，今後我が国の多くの都市においても，私たちの都市と同様に，地域共生が重要な課題になろうと認識している。

　定住化が進む外国人住民は，同じ地域で共に生活し，地域経済を支える大きな力となっているとともに，多様な文化の共存がもたらす新しい地域文化やまちづくりの重要なパートナーであるとの認識に立ち，すべての住民の総意と協力の基に，安全で快適な地域社会を築く地域共生のためのルールやシステムを確立していかなければならない。

　私たち13都市は，今後とも連携を密にして，日本人住民と外国人住民が，互いの文化や価値観に対する理解と尊重を深めるなかで，健全な都市生活に欠かせない権利の尊重と義務の遂行を基本とした真の共生社会の形成を，すべての住民の参加と協働により進めていく。

　以上，13都市の総意に基づきここに宣言する。

※以上掲げた基本参考文献の多くは，むすびめの会のホームページ内，「関連法規・宣言等」
http://homepage3.nifty.com/musubime/document/law.htm
から全文を参照することができます。

付録2　関連団体

＜関連団体＞
□むすびめの会（図書館と在住外国人をむすぶ会）
　　　LINCS: LIbrarians' Network for Culturally diverse Society
　　　http://www.musubime.net/　E-mail: staff@musubime.net
　　　ニュースレター『むすびめ 2000』：季刊
　　※1991年に設立された，在住外国人をはじめとする多様な文化的背景をもつ人々への図書館サービスについて考え，学習会などを通してともに行動する会です。ホームページでは，「ウェブ上で公開されている各図書館外国語利用案内」，「ウェブ上で公開されている各図書館での多文化サービスに関する方針等」など多文化サービスをはじめるために有益な情報が掲載されています。
□アジアセンター・アジア図書館
　　　〒533-0033　大阪市東淀川区東中島5-18-20　TOAビル
　　　Tel 06-6321-1839　Fax 06-6323-1126
　　　http://www.asian-library-osaka.org/
　　　ニュースレター『アジアンあい』：月刊
　　※アジア図書館にはアジア関連図書18万冊があります。図書館を拠点に積極的な異文化交流活動を繰り広げています。
　　　IFLA東京大会でのアジアセンターの報告は日本の多文化サービスの原点となりました。
□財団法人ユネスコアジア文化センター
　　　〒162-8484　東京都新宿区袋町6（日本出版会館）
　　　Tel 03-3269-4435　Fax 03-3269-4510
　　　http://www.accu.or.jp/jp/profile/2_7literacyj.htm
　　　ニュースレター『ACCUニュース』：隔月刊
　　※アジア太平洋地域を対象に文化，図書開発，識字・ノン

フォーマル教育の分野で活動する国際協力団体です。アジア太平洋の文化・図書開発・識字教育に関する図書室も併設しています。

＜外国人への情報提供，日本語学習支援　全国組織＞
□日本語フォーラム全国ネット

　　http://homepage3.nifty.com/N-forum/

　　E-mail: jimukyoku@nihongo.forum.ne.jp

　　Fax 03-3691-4603

　　※「日本語フォーラム」は，日本で生活している外国人の生活・日本語支援にかかわるボランティアや教育関係者が中心となって，1995年より定期的に開催しているフォーラムです。2001年に「多文化・多言語社会の実現とそのための教育に対する公的保障を目指す東京宣言」を採択しました。冊子『東京宣言　解説付』が500円で販売されています。お求めは同会へ。

＜外国へ本を送る会など＞
□シャンティ国際ボランティア会（SVA）

　　〒160-0015　東京都新宿区大京町31　慈母会館2・3F

　　Tel 03-5360-1233　Fax 03-5360-1220

　　E-mail: info@sva.or.jp

　　ニュースレター『シャンティ』：隔月刊

□特定非営利活動法人　ラオスのこども

　　〒143-0025　東京都大田区南馬込6-29-12　ミキハイツ303

　　Tel/Fax 03-3755-1603

　　http://homepage2.nifty.com/aspbtokyo/

　　ニュースレター『ラオスのこども通信』：季刊

□CAPSEA　東南アジア文化支援プロジェクト

　　〒229-0031　神奈川県相模原市相模原6-17-12

　　　　　　エスニックマート内
　Tel/Fax 0427-86-7333
　http://plaza18.mbn.or.jp/~CAPSEA/
　ニュースレター『シマウマ通信』：季刊

　上記のほか，全国各地にある関連団体のホームページを一部ご紹介します。
　「北海道ウタリ協会」
　　　http://www.ainu-assn.or.jp/
　「多文化共生センター」
　　　http://www.tabunka.jp/
　「移住労働者と連帯する全国ネットワーク（移住連）」
　　　http://www.jca.apc.org/migrant-net/
　「日本国際ボランティアセンター」
　　　http://www.ngo-arena.org/members/jvc/jvc.html
　「日本カトリック難民移住移動者委員会」
　　　http://www.jade.dti.ne.jp/%7Ejpj/JCARM-INDEX.html
　「国際識字文化センター」
　　　http://www.iclc2001.org/
　「アジア福祉教育財団難民事業本部」
　　　http://www.unhcr.or.jp/news/info/parinac/rhq.htm
ほかに，自治体の国際交流課や各地の国際交流協会などでも，いろいろな情報を得ることができます。

付録3　多文化サービス実践報告リスト（1994〜　）

※最近10年間の文献で，多文化サービスをはじめるときに現場で参考になる実践報告を中心に雑誌論文・報告書からピックアップしました。なお，これ以前のものについては，『図書館と在住

外国人：「在住外国人利用者の記録」（1992年調査）から』（「付録4」p.186参照）に詳細なリストが収録されています。

《1994年》
●長谷川文子「外国人も図書館を利用している：在住外国人利用者の記録（調査報告）」『図書館界』Vol.45, No.6, 1994.3, p.454-461.

《1996年》
●足立匡子「もっと気軽に，多文化サービス」『図書館雑誌』Vol.89, No.12, 1996.12, p.1014.

《1997年》
●堀口佳代子「立川市中央図書館における外国語資料の収集」『図書館研究三多摩』通号2, 1997.10, p.64-74.

☆『全国図書館大会記録』平成9年度　第8分科会　障害者サービス「広げよう図書館活動の裾野，とりのぞこう図書館利用の障害」●桐生偉人「大阪市立中央図書館における外国資料コーナーの活動について」／第1分散会「多文化サービス」●足立匡子「外国人住民は図書館に何を求めているか：横浜市立図書館職員の調査をもとに考える」／●阿部治子「多くの人に支えられて1年半：豊島区立中央図書館の『外国資料コーナー』」／●杵淵孝司「群馬県立図書館国際ライブラリー：外国人に開かれた図書館情報支援事業」／●宇田川正宏「在住外国人問題と図書館ニーズ）」1998, p.152-182.

《1998年》
●阿部治子「外国語資料の収集：豊島区の事例から」『図書館雑誌』Vol.92, No.9, 1998.9, p.781-783.

《1999年》
☆『東京都公立図書館職員研究大会年次報告書』平成10年度　貸出部会「どんな資料でも読みたい人の手元に届けるために－外国語資料サービスの充実をめざして」●阿部治子「豊島区立中

央図書館の外国語資料コーナーについて」／●舩崎尚「[武蔵野市立中央図書館]外国新聞雑誌の収集について」／●斉藤進「多言語書籍の仕入れと販売」／●川村光郎「外国語資料からなにが見えてくるのか」1999, p.61-72.

《2000年》

●土田智美「大阪市立中央図書館における多文化サービス」『全国公共図書館研究集会報告書 1999年度』2000, p.12-14.

●黒崎英志「多文化的背景を持つ利用者へのサービス」『みんなの図書館』No.280, 2000.8, p.38-44.

☆『関東地区公共図書館協議会研究集会報告書』2000年度　整理部門研究集会：外国資料の収集・整理と保存●竹内比呂也「＜講演＞ニューカマーと図書館資料：収集・整理・提供」／●関好男「都立中央図書館における海外資料の収集と整理／●青木玲子「外国語資料サービスの市立図書館での実践」／●澤田進「大泉町の外国人サービスについて」2001, p.11-20.

《2001年》

●宇佐美孝；荒木晶子「金沢市立図書館における古文書，AV及び外国語資料の整理状況／金沢市立玉川図書館近世史料館における史料の保存 視聴覚資料，点訳，音訳資料，外国語資料の整理状況」『全国公共図書館研究集会報告書　2000年度』2001, p.15-17.

●西野一夫「在日・滞日外国人へのサービス」『図書館雑誌』Vol.95, No.6, 2001.6, p.437-439.

●竹内比呂也「ブラジル人の情報ニーズと図書館サービス」『ブラジル人と国際化する地域社会：居住・教育・医療』池上重弘編, 明石書店, 2001, p.173-188.

●菅谷明子「移民を支援し新アメリカ人を送り出す：クイーンズ公共図書館」『図書館の学校』No.21, 2001.9, p.8-15.

《2002年》

●竹内悊「『みんなで元気に生きよう：多文化サービスのための

ブックリスト137」について」『図書館雑誌』Vol.96, No.9, 2002.9, p.694-695.

☆『全国図書館大会記録』平成14年度　第8分科会　障害者サービス・多文化サービス「すべての人に図書館サービスを」シンポジウム・多文化サービスの現状を考える　●酒川玲子「多文化サービスのための子どもの本のリストを作成して」／●石田智子「大阪市立図書館における多言語処理について：ハングルおよび中国語の書誌作成と検索」／●糸井昌信「外国人比率14％の町の図書館」／●池田園子「アジアと福岡をつなぐ総合図書館：6年間の多文化サービス」2003, p.211-240.

《2003年》
●明石浩「図書館と多文化主義：フィリピン語（タガログ語）の本の貸出し　多文化サービスを試みて」『図書館評論』通号44, 2003.7, p.52-61.
●菅谷明子「多文化社会の活力の源」『未来をつくる図書館：ニューヨークからの報告』岩波書店, 2003, p.134-140.

付録4　参考資料とホームページ

1. 本文中で言及・引用した参考資料等

p.3-4　IFLAのガイドライン
〈原典〉　初版1987年
　『Multicultural Communities: Guidelines for Library Services』
〈日本語版〉
　『多文化社会図書館サービスの為の指針』国際図書館連盟（IFLA）多文化社会図書館サービス分科会編, 村岸朝夫・松中みどり翻訳, 大阪　アジア図書館・アジアセンター21編集・発行　1988年10月

（増補版）

『多文化社会：図書館サービスのためのガイドライン』国際図書館連盟（IFLA）／多文化社会図書館サービス分科会編，アジア図書館［ほか］翻訳　大阪：アジア図書館：アジアセンター21，日本図書館協会多文化・識字ワーキンググループ共同刊行　1995年7月

〈1998　改訂版〉

『Multicultural Communities: Guidelines for Library Services』2nd Edition, Revised, 1998, Section on Library Services to Multicultural Populations, International Federation of Library Associations and Institutions.

〈改訂版の日本語版〉

『IFLA多文化社会図書館サービス』（深井耀子・田口瑛子編訳），多文化サービス・ネットワーク，日本図書館協会発売，2002.

IFLA同分科のサイト

http://www.ifla.org/VII/s32/slsmp.htm

ここから英語版のほか5言語版をみることができる。

p.6-7　ブラウン『不利益をこうむっている人々への図書館サービス』

・Brown, Eleanor Frances, *Library Service to the Disadvantaged.* Metuchen, N.J. : Scarecrow Press, 1971.

p.12　IFLA多文化社会図書館サービスハンドブック

・Zielinska, Marie F. et al. *Multicultural Librarianship : an International Handbook,* München, London, New York : K.G. Saur, 1992.

p.17-18　大阪市立生野図書館についての文献には以下のものがある。

・村岡和彦「生野図書館の"韓国・朝鮮図書コーナー"訪問」『みんなの図書館』No.139, 1988.12, p.60-71.

・桐生偉人「韓国・朝鮮図書コーナーづくり」『図書館界』Vol.40,

No.5, 1989.1, 236-239.
- 桐生偉人「在日韓国・朝鮮人への図書館サービス」『読む自由と図書館活動：読書社会をめざして』（図書館と自由　第11集）日本図書館協会図書館の自由に関する調査委員会編, 日本図書館協会, 1990.4, p.97-102.
- 桐生偉人「韓国・朝鮮図書コーナーへの利用者の反応」『みんなの図書館』No.190, 1990.11, p.3-7.
- 宮城政子；桐生偉人「大阪市立生野図書館と私設図書館」『図書館年鑑　1991』日本図書館協会編, 日本図書館協会, 1991, p.254-256.
- 大阪市立生野図書館『韓国・朝鮮図書コーナー反応集』大阪市立生野図書館, [1991.9.].
- 大阪市立生野図書館『マダン：韓国・朝鮮図書コーナーのあゆみ』大阪市立生野図書館, 1991.9.

p.18-23　図書館の多文化サービスに関する調査
- 1988年調査：河村宏「図書館の多文化サービス：『多文化サービス実態調査（1988）』の分析1：公共図書館」『現代の図書館』Vol.27, No.2, 1989.6, p.118-125.
- 1998年調査：日本図書館協会障害者サービス委員会『「多文化サービス実態調査1998」公立図書館編　報告書』日本図書館協会, 1993.3.
- JLA障害者サービス委員会多文化・識字ワーキンググループ「10年を映す『多文化サービス実態調査1998』：取り組みの増加と変わらぬ課題」『図書館雑誌』Vol.93, No.4, 1999.4, p.290-291.
- 2002年ミニ調査：JLA図書館調査事業委員会事務局「多文化サービスについて：2002年図書館調査ミニ付帯調査結果報告」『図書館雑誌』Vol. 97, No.2, 2003.2, p.106-107.

p.24-26　外国人統計について
- 『出入国管理統計年報』第22-43, 1983-2004.

・『在留外国人統計』第 16, 2004.
p.28 「浜松宣言」および「提言」については全文が
   http://www.city.hamamatsu.shizuoka.jp/admin/plan/kokusai/
   hama_teigen.pdf に載っている。
p.30 外国人の公共施設の利用についての調査
  ・『東京都区市町村における国際化事業等に関する調査結果』東京都生活文化局国際部国際化推進課編　1991年版〜1995年版
p.82 河村宏「多文化サービス：内なる『国際化』の視点から」『現代の図書館』Vol.26, No.4, 1988.12, p.200-204.

2. 図書館の多文化サービスに関連する参考文献とホームページ等

＜概論的なもの＞

・国際図書館連盟多文化社会図書館サービス分科会『IFLA多文化社会図書館サービス』（深井耀子・田口瑛子編訳）多文化サービス・ネットワーク, 日本図書館協会, 2002.
・深井耀子『多文化社会の図書館サービス：カナダ・北欧の経験』青木書店, 1992.
・迫田けい子；林昌夫「公共図書館と外国語資料：『国際化』への視座：都立中央図書館の中国語・朝鮮語資料の経験からの提言」『［東京都立中央図書館］研究紀要』No.20, 1989.3, p.63-101.
・足立匡子「外国語資料を提供すれば外国人住民へのサービスをしたことになるか：横浜市中図書館の実践　1989〜1993年」『公立図書館の思想と実践』森耕一追悼事業会編, 森耕一追悼事業会, 1993, p.256-271.
・「特集：多文化社会図書館サービスと国際識字年：IFLA東京大会以降の展開」『図書館年鑑』日本図書館協会, 1991, p.247-262.
・［ビデオ］日本図書館協会企画・監修『新しい文化の創造をめざして：望まれる多文化サービス』（図書館の達人　司書実務編 part 3 ; 8）紀伊國屋書店, 1998.

＜逐次刊行物＞
・『多文化サービス・ネットワーク』(発行　多文化サービス・ネットワーク　代表　深井耀子) No.1-10, 1989.12-1996.6.
・『むすびめ 2000（にせん）』（発行　むすびめの会）no.1-, 1991.7-

＜事例調査＞
・日本図書館協会障害者サービス委員会　多文化・識字ワーキング・グループ編集・発行『図書館と在住外国人：「在住外国人利用者の記録」（1992 年調査）から』1994.
※多文化社会図書館サービス文献リスト[〜 1994.3]を含む。

＜外国人の教育権について＞
・KOBE外国人支援ネットワーク編『日系南米人の子どもの母語教育』神戸定住外国人支援センター , 2001.
・新海英行［ほか］編著『在日外国人の教育保障：愛知のブラジル人を中心に』（新版）大学教育出版 , 2002
・長澤成次『多文化・多民族共生のまちづくり：広がるネットワークと日本語学習支援』エイデル研究所 , 2000.

＜外国人数の統計について＞
・『在留外国人統計』入管協会 .
2000年以降の各年末の統計については, 法務省のホームページ（http://www.moj.go.jp/）から「プレスリリース」をクリックして見ることができます。

＜サービスのツールになるもの＞
・むすびめの会編『多文化社会図書館サービスのための世界の新聞ガイド：アジア・アフリカ・中南米・環太平洋を知るには』日本図書館協会 , 1995.
・日本図書館協会編『みんなで元気に生きよう：多文化サービス

のためのブックリスト137』日本図書館協会, 2002.
・[実践女子大学図書館サイト内]「図書・雑誌探索ページ」
　http://www.jissen.ac.jp/library/frame/
・実践女子大学図書館編『インターネットで文献探索　2003年版』日本図書館協会, 2003（※上記内容の冊子体）
・エスニックメディアガイド（森口秀志）
　http://www.asahi-net.or.jp/~cj7h-mrgc/EMG/
・むすびめの会のホームページ内「外国語図書を扱っている書店のリスト（英語以外）」
　http://homepage3.nifty.com/musubime/document/tameni.htm#shoten

<カウンターでのやりとりに>
・足立匡子；おおさわゆうき「How Do I Put It?＝そんなときなんて言おう（その1〜その29）」『みんなの図書館』No. 192-257, 1993.5-1998.7
・古林洽子［ほか］著『図書館員のための英会話ハンドブック：国内編』日本図書館協会, 1996.
・日本薬学図書館協議会編『カウンター中国語』日本薬学図書館協議会, 2000.（CD付）

※本文中で参照したホームページのURLは，今後変わっていく可能性があります。最新情報については，むすびめの会と共同で，同会のホームページ（http://www.musubime.net/）内にフォローアップのページを設けて，変更に対応していく予定です。

おしまいに

　本書は2002年7月に発足した日本図書館協会多文化サービス研究委員会の成果です。この年，日本図書館協会では委員会組織の改編に伴い，1期（2年）に限っての会員の自主的な研究型委員会を公募しました。これに対して「多文化サービス開始・推進のためのマニュアルを作成し……出版する」ことを目的に応募し，認められたのがこの委員会でした。

　多文化サービスに関するこうした実践的入門書の出版は，早くからその必要性が指摘されてきましたが，まとまった本として出版するには，実践の積み重ねが必要でした。1986年のIFLA東京大会で既に日本における多文化サービスの欠如についての指摘があったことからすると，遅すぎたとも言えるのですが，多文化サービスに関わる研究者・現場図書館員が培ってきたネットワークが日本図書館協会の研究型委員会公募を機に，ひとつの形をとることができました。

　本書の目的は，多文化サービスに着手するにはどうしたらよいか，整理や収集方針はどうしようかなど，図書館でやるべき業務を具体的に洗い出し，現時点での到達点を，全国の図書館員に伝え共有することです。私たちは，この本の出版を契機に，多文化サービスにかかわる図書館関係者のネットワークがより広く，より深まることを望んでいます。

　私たちがこの本を通じて，ぜひみなさんに伝えたかったポイントは，「多文化サービスはけっして特別なサービスではない」ということです。いつも使っている図書館が，その人の「居場所」になってほしいということです。

本書の「はじめに」でのシーンや，福岡市でのアラビア語の新聞に利用者が口づけをしたというエピソード，外国籍住民がパートナーとして，「多文化サービスづくり」に参加している様子などは，外国籍住民にとって，これまで「縁の遠かった」図書館が，「私の図書館」になっていく様子を描いているといえるでしょう。

　世界中のだれにとっても，どこで生まれても，どこで住んでも，「ぼくの」「私の」図書館があるようになればいい。私たちは，多文化サービスとは，だれにとっても「自分の」図書館と思える図書館をつくりあげていく，ささやかな一歩だと思っています。
　これは必ずしも多文化サービスに限った話ではありません。「ぼくの図書館」への言葉として，最後に，（社）シャンティ国際ボランティア会の，ミャンマー（ビルマ）難民キャンプでの図書館づくりに携わった渡辺有理子さんが，現地の子どもに手渡された詩をお借りして，この本のむすびといたします。

☆

ぼくは図書館がだいすき
世界でいちばんだいすき
とても悲しい気持ちのとき
図書館に行くといつも気持ちが軽くなる

図書館の中にはたくさんの本がある
本のなかにはたくさんの知識がつまっていて
多くの知らないことを知ることができる
毎日ぼくは学校が終わると走って図書館に行く

図書館に行くと幸せな気持ちになれるから

自然と笑顔になれるから
図書館で知ったことは，ぼくの人生にとって
金のように光り輝く

どうか図書館がぼくのそばからなくなりませんように
ぼくに未来の希望をあたえてくれる場所だから
ぼくは世界で一番図書館が好き

Saw Pa Tha Kler（10歳）

☆

　本書をつくる過程でたくさんの方々にお世話になりました。なかでも，編集段階で私たちからの無理難題をこころよく引き受けて下さった，日本図書館協会編集部の内池有里さんに感謝申し上げます。

2004年9月
編集を代表して　小林　卓

事項索引

* 本文中の事項,人名,団体,書名等を五十音順(欧文はABC順)で配列しました。
* 参照は「→」(を見よ)で表示しました。

【あ行】

アイヌ …………………………………… 2
アウトリーチ ………………………… 6,7
アジアセンター21 ………… 14,15,178
アジア図書館 ………………………… 14,15
アジア図書館設立をもとめる請願
　………………………………… 16,120
『新しい文化の創造をめざして:望
　まれる多文化サービス』… 38,75,81
「アメリカ公立図書館とThe Disad-
　vantaged」…………………………… 7
アメリカ図書館協会 ………………… 6
猪飼野図書資料室 …………………… 14
移住労働者 …………………………… 3
市川市図書館(千葉県) …… 127-133
異文化 ……………………… 68,113,114
移民 ……………………… 3,7,8,13,114
医療情報 ……………………………… 46
インターナショナル・プレス ……… 88
インターネット
　…… 69,70,89,111,115-118,121,126
『インターネットで文献探索』……… 107
インターローン・サービス ………… 118

ウリマル ……………………………… 17
永住外国人 …………………………… 27
エスニック・グループ …………… 13,40
エスニック・コミュニティ ………… 68
エスニック・メディア ………… 49,65,78
エスニック・レストラン …………… 48
大泉町立図書館(群馬県)
　……………………………… 32,83,84-91
大阪市立生野図書館 ……… 16,17,184
大阪市立中央図書館 …… 74,134-136
オールドカマー ……………………… 13

【か行】

外国語学習 ………………………… 92,97
外国語研修 …………………………… 38
外国語資料コーナー ………………… 65
「外国語図書コーナー」……………… 43
外国人集住都市会議 …………… 28,176
外国人相談窓口 ……………………… 40
外国人登録者
　…………………… 24,25,26,40,85,92,94
外国人登録法 ………………………… 26
外国人登録窓口 ………… 39,64,86,125

外国人労働者 …………… 2,8,10,11,18
外国籍住民
　……… 27,38,39,41,47,56,57,75,78
外国籍職員 …………… 20,21,75,76
ガイドライン　→『多文化コミュニティ:図書館サービスのためのガイドライン』を見よ
学習権 ………………… 10,29,30,41
学林図書室 …………………………… 14
カナダ国立図書館 …………………… 9
『ガラッパ』　→「GARAPA」を見よ
河村宏 ……………………………… 82
『韓国姓氏宝鑑』 ………………… 102
「韓国・朝鮮図書コーナー」 …… 16,17
漢籍 ………………………………… 16
帰化 ………………………………… 2
九州国連寄託図書館 ………… 102,105
教育権 ……………………………… 4
教会 ………………………………… 40
行政需要調査 ……………………… 39
錦繍(クムス)文庫 ………………… 14
暮らしの便利帳 ………………… 65,87
クロスカルチュラル ……………… 4
グローバリゼーション ……… 29,177
群馬県立図書館 ………… 55,56,89
ゲストワーカー …………………… 11
公営住宅法 ………………………… 27
神戸市立中央図書館(兵庫県) …… 14
公務員就任権 ……………………… 76
「公立図書館の設置及び運営上の
　望ましい基準」 ………… 3,81,175

「公立図書館の任務と目標」 …… 174
国際化政策 ………………………… 38
国際結婚 ………………………… 2,95
国際交流 ………………… 57,59,62,95,97
国際交流基金 ……………… 108,114
国際交流基金関西国際センター
　図書館 ………………………… 44
国際交流協会 ……………… 90,111
国際交流団体 ………………… 40,72
国際資料コーナー ……… 100,103,105
国際人権規約 …………… 27,35,36
国際図書館連盟　→「IFLA」を見よ
「国際ライブラリーコーナー」 …… 88
国籍条項 ………………… 21,27,76,77,78
国民年金法 ………………………… 27
国連寄託図書館　→「九州国連
　寄託図書館」を見よ

【さ行】
在住中国人 ………………………… 94
在住フィリピン人 ………………… 99
在住ブラジル人 ………………… 109
在日外国人支援情報 ……………… 72
在日韓国・朝鮮人 …… 2,13,14,16,18,76
在留外国人統計 …………………… 39
在留資格 ………………………… 85,86
坂口勝春 …………………………… 15
相模原市立橋本図書館(神奈川
　県) ……………………………… 49
参政権 ……………………………… 26
自治省 ………………………… 76,77

(財)自治体国際化協会 …………… 71
自治労 ……………………………… 77
実践女子大学図書館 ……………… 70
児童三法 …………………………… 27
社会保障 …………………………… 27
住宅金融公庫法 …………………… 27
出入国管理法 →「出入国管理
　法及び難民認定法」を見よ
出入国管理法及び難民認定法
　………………… 13,18,24,26,85,86
手話 ………………………………… 93
障害者サービス ……………… 3,5,6,7,82
障害者サービス委員会 ………… 5,10
書誌データ ………………… 51,52,53,89
調べ学習 …………………………… 61
人権研修 …………………………… 38
人種差別撤廃条約 ………………… 8
新着図書案内 ……………… 39,65,67
杉捷夫 ……………………………… 120
生活情報 …………………………… 46
生活ハンドブック ………………… 59
正規職員 ………………… 21,77,125
青丘文庫 …………………………… 14
世界人権宣言 ……………………… 175
「世界のインターネット放送ガイド」… 70
先住民 …………………………… 3,12
総務省 …………………………… 76,77

【た行】

ダイアン・ドラガスビッチ（Diane
　Dragasvich）………………… 115

台帳記入方式 ……………………… 52
多言語広報 ………………………… 4
多言語サロン ……………………… 91
多言語処理 ………………………… 56
「多言語生活情報」………………… 71
多言語蔵書部長 …………………… 9
多言語図書コーディネータ ……… 115
立川市中央図書館（東京都）
　……………………………… 61,65,66
多文化コーナー …………………… 58
『多文化コミュニティ：図書館サービ
　スのためのガイドライン』
　…………… 3,9,12,34,82,173,183,184
多文化サービス研究委員会 ……… 12
多文化サービス実態調査 … 9,10,15,77
『多文化サービス・ネットワーク』… 10
『多文化サービスのためのガイドラ
　イン』　→『多文化コミュニティ：
　図書館サービスのためのガイド
　ライン』を見よ
多文化・識字ワーキング・グループ … 5,10
『多文化社会図書館サービスのた
　めの世界の新聞ガイド』……… 10,49
多文化社会図書館サービス分科会
　………………………… 8,9,11,12,15,29
「多文化社会図書館サービス分科
　会および全体決議」…… 15,18,172
多文化主義 ……………………… 29,82
多文化主義政策 …………………… 8
「多文化多言語社会の実現とその
　ための教育に対する公的保障を

事項索引……195

めざす東京宣言」……………… 28
地域国際化協会連絡協議会 ……… 71
地方自治法 ……………… 33,176
地方選挙権 ……………………… 27
中国帰国者 ……………… 2,94,96
『中国高等院校指南』 ………… 100
聴覚障害者 ………………… 93,94
定住者 ……………………… 24,86
手書きカード目録 ……………… 52
デジタル・デバイド …………… 69
同化主義 ………………………… 8
東京宣言　→「多文化多言語社会の実現とそのための教育に対する公的保障をめざす東京宣言」を見よ
図書館サービス論 ……………… 81
図書館と在住外国人をむすぶ会
　→「むすびめの会」を見よ
『図書館と在住外国人:「在住外国人利用者の記録」(1992年調査)から』………………… 181,187
「図書館の自由に関する宣言」… 174
「図書館の達人」 ………………… 81
図書館法施行規則 ……………… 81
[東京]都立中央図書館 ‥ 16,120,121
[東京]都立日比谷図書館 ……… 120
トロント市立図書館 ……… 83,114-119
トロント・レファレンス図書館
　……………… 115,116,117,118

【な行】

難民 ………………… 2,3,8,59
「難民条約」 ……………………… 27
日系 ……………… 2,24,32,85,86,89,90
「日中交流支援サイト」 ………… 72
日本語学習 ………… 4,59,64,68,69
日本語学級 ………………… 87,88
日本語学校 …………… 65,106,125
日本語教室 ……………………… 40
日本語フォーラム全国ネット …… 28,178
日本図書館協会
　……… 5,9,10,12,15,18,38,77,81,137
『日本の図書館』 ………… 18,137-141
ニューカマー ……………… 13,176
入管法　→「出入国管理法及び難民認定法」を見よ
納税者 …………………………… 33

【は行】

「浜松宣言」 ………………… 28,176
非識字者 ………………………… 6,7
筆談 ………………………… 93,94
表紙コピー方式 ……………… 53-56
福岡市総合図書館 ……… 83,100-107
福岡市民図書館 ………………… 100
福山市図書館(広島県) ……… 83,92
福山市北部図書館(広島県) ‥ 92-99
福山市民図書館(広島県) ……… 92
「不利益をこうむっている人々への
　図書館サービス」 …………… 6,184
母語 ……………… 2,8,41,46,47,56,61,

64,89,90,91,94,97
「ボーダーレスヒューマンセンター」···· 72
ホームページ ············· 65,70,84,89,111
ボランティア
　··· 69,82,89,90,91,94,95,96,111,125
ポルトガル語コーナー ·········· 84,85,109
ポルトガル語図書コーナー ············· 108
翻訳タイトル ························ 56,57

【ま行】
マイノリティ
　············· 2,3,4,5,8,15,34,75,76,113
マクリーン事件 ································ 26
マジョリティ ·· 3
マリ・ゼリンスカ（Marie Zielinska）··· 9
マルチカルチュラル・コネクション···· 117
ミニコミ誌 ······················· 90,109,111
宮城政子 ·· 17
『みんなで元気に生きよう：多文化サー
　ビスのためのブックリスト137』······ 187
『むすびめ2000』 ····················· 11,187
むすびめの会 ················ 10,49,70,178
文部科学省（文部省） ············ 3,15,81

【や行】
八尾市立図書館（大阪府） ············ 60
ユネスコアジア文化センター ·········· 178
「ユネスコ学習権宣言」 ················ 28
「ユネスコ公共図書館宣言」········ 173
ユネスコ国際識字年 ····················· 10
洋書 ································· 16,59,120

横浜市中図書館（神奈川県）··· 43,67

【ら・わ行】
リソース・コレクション ······················ 118
栗東市立図書館（滋賀県）······· 54,58
『連合年鑑』 ······························· 102
和漢書 ····································· 16,20

【アルファベット順】
ALT ··· 90
CANTINHO DOLIVRO EM
　PORTUGUES ··························· 110
E. ブラウン（E..F. Brown）········ 6,184
Eyewitness ································· 102
GARAPA ······································ 87
IFLA ················· 3,5,8,9,11,12,29,82
IFLAガイドライン　→『多文化コミ
　ュニティ：図書館サービスのため
　のガイドライン』を見よ
IFLA世界大会 ································ 12
『IFLA多文化社会図書館サービス』
　······························ 29,173,184,186
IFLA東京大会 ················ 3,9,11,15,16
IFLA東京大会（全体会）決議
　······································ 15,18,172
『IFLAハンドブック』 ················ 12,184
International Handbook of Universities ·· 100
LINCS: LIbrarians' Network for
　Culturally diverse Society　→
　「むすびめの会」を見よ

事項索引········197

Multicultural Communities: Guidelines for Library Service → 『IFLAガイドライン』を見よ

Multicultural Librarianship: An International Handbook → 『IFLAハンドブック』を見よ

multicultural populations ………… 8

NGO ………………………………… 27,28

Section on Library Services to Multicultural Populations → 「多文化社会図書館サービス分科会」を見よ

The Times Atlas of the World …… 101

Toronto Public Library → 「トロント市立図書館」を見よ

Toronto Reference Library → 「トロント・レファレンス図書館」を見よ

TPL → 「トロント市立図書館」を見よ

TRL → 「トロント・レファレンス図書館」を見よ

VEJA ……………………………………… 88

The World of Learning …………… 100

＜協力＞

千葉県市川市中央図書館，群馬県大泉町立図書館，大阪市立中央図書館，大阪市立生野図書館，群馬県立図書館，神奈川県相模原市立橋本図書館，東京都立川市中央図書館，横浜市中図書館，むすびめの会
赤沼知里（千葉県立衛生短期大学図書館），独立行政法人国際交流基金関西国際センター研修生：朱韓述，ワイル・アフマド・オベード，グエン・ティ・ラン・フォン，アクバル・ホダ，オリビア・ペレス・レイバ，ヴィクトリア・ジュラブリョーヴァ

＜特別寄稿＞

糸井昌信（群馬県大泉町立図書館），明石浩（広島県福山市北部図書館），ナカタ・グレース・キヨカ（国際交流基金サンパウロ日本文化センター図書館），リリーフェルト・まり子（国際交流基金トロント日本文化センター図書館）

＜日本図書館協会多文化サービス研究委員会＞

委員長：深井耀子（椙山女学園大学）
本書編集長：小林卓（明治大学非常勤講師）
委員：足立匡子（横浜市鶴見図書館），阿部治子（豊島区保健福祉部生活福祉課），池内美和子（大阪府立中央図書館），池田園子（福岡市総合図書館），内山能律子（グランマ），喜多由美子（八尾市立八尾図書館），小松孝則（イースト・プレス），迫田けい子（東京都立中央図書館），下澤計治（法政大学マイクロ・ナノテクノロジー研究センター），高橋隆一郎（東京学芸大学附属図書館），高畑圭子（法政大学国際交流センター），瀧澤憲也（群馬大学附属図書館），竹広節子（福岡市総合図書館），新居弥生（元東京大学東洋文化研究所図書室），浜口美由紀（独立行政法人国際交流基金関西国際センター図書館），樋口朗子（津田塾大学津田梅子資料室），平田泰子（文化女子大学），南田詩郎（朝霞市立図書館），村岡和彦（大阪市立北図書館）

視覚障害者その他活字のままではこの本を利用できない人のために，日本図書館協会及び著者に届け出る事を条件に音声訳（録音図書）及び拡大写本，電子図書（パソコンなど利用して読む図書）の製作を認めます。但し，営利を目的とする場合は除きます。

EYE LOVE EYE

◆JLA 図書館実践シリーズ　2

多文化サービス入門

定価：本体 1800 円（税別）

2004 年 10 月 20 日　初版第 1 刷発行 ©

編　者：日本図書館協会多文化サービス研究委員会
発行者：(社)日本図書館協会
　　　　〒104-0033　東京都中央区新川1-11-14
　　　　Tel 03-3523-0811　Fax 03-3523-0841
デザイン：笠井亞子
印刷所：アベイズム㈱　　Printed in Japan
JLA200431　　ISBN4-8204-0430-X
本文の用紙は中性紙を使用しています。

JLA 図書館実践シリーズ　刊行にあたって

　日本図書館協会出版委員会が「図書館員選書」を企画して20年あまりが経過した。図書館学研究の入門と図書館現場での実践の手引きとして，図書館関係者の座右の書を目指して刊行されてきた。

　しかし，新世紀を迎え数年を経た現在，本格的な情報化社会の到来をはじめとして，大きく社会が変化するとともに，図書館に求められるサービスも新たな展開を必要としている。市民の求める新たな要求に対応していくために，従来の枠に納まらない新たな理論構築と，先進的な図書館の実践成果を踏まえた，利用者と図書館員のための出版物が待たれている。

　そこで，新シリーズとして，「JLA図書館実践シリーズ」をスタートさせることとなった。図書館の発展と変化する時代に即応しつつ，図書館をより一層市民のものとしていくためのシリーズ企画であり，図書館にかかわり意欲的に研究，実践を積み重ねている人々の力が出版事業に生かされることを望みたい。

　また，新世紀の図書館学への導入の書として，一般利用者の図書館利用に資する書として，図書館員の仕事の創意や疑問に答えうる書として，図書館にかかわる内外の人々に支持されていくことを切望するものである。

2004 年 7 月 20 日
日本図書館協会出版委員会
委員長　松島　茂